# デリバティブ入門講義

根岸康夫［著］

一般社団法人 金融財政事情研究会

## はじめに

　2006年に拙著『現代ポートフォリオ理論講義』を世に出してからしばらく経った頃、インターネット上で我が意を得たり、筆者の意図を正しく理解し評価してくださったレビューを発見した。そのときに沸き起こった驚きと喜びは鮮烈であった。恥ずかしながら、いまでも時折読み返し勇気を奮い起こしてもらっている。

　そのレビューのなかに「デリバティブがなく残念」という指摘があった。デリバティブ、特にオプションは私が最も得意とする領域だ。得意といっても商品設計や価格算定のための計算手法ではない。前掲書のコンセプトと同様、初心者・未経験者に抵抗感なく納得してもらうための話法だ。

　デリバティブは決して複雑怪奇で理解し難いものではない。オプション価格理論には確率解析と呼ばれる数学（伊藤のレンマ等）を応用したブラック＝ショールズ・モデルが有名で、デリバティブ＝高等数学（金融工学）というイメージがつきまとう。たしかに金融工学は強力な武器であるが、顧客に提供する金融サービスにとって最も重要な要因というわけではない。たとえ話で恐縮だが、都心で商業ビルを新築・経営するケースを考えよう。この商業ビルの経営を成功に導く最大の鍵は「どんなコンセプトでお客を魅了するか」であって、物理的な構造計算や会計的な利益計画ではないはずだ。金融工学の役割は構造計算や利益計画に相当する。不可欠であるがそれだけでは商業ビルの経営を成功に導く万能のツールたりえない。経営者が取り組むべき課題は「魅了するコンセプトづくり」であって、構造計算や利益計画は専門家に任せてしまえばよいのだと考える。

　かといって経営者が構造計算や利益計画に関してまったく無知であってもよいのかというとそれは許されない。委託する専門家と話し合うために「ある程度の理解」が不可欠だ。本書はその「ある程度の理解」を提供するものである。ファイナンシャル・プランナー（1級）、証券アナリスト（第1次レ

ベル)、証券外務員(一種)等の資格試験にも役立つものと考えている。

　前掲書でもそうであったが、書き進むにつれ自信のない箇所、もっと知りたいと思う事柄に次から次へと直面した。著作を世に出すということは自らの無知をさらけ出す行為にほかならない。それでも読者にとって反面教師か、考え直す契機は提供できるはずだ。その役割を果たすため、蛮勇を振るって「業界には顧客への説明に不適切な古い慣習がある」と主張した。サンチョ・パンサなき老いたドン・キホーテの心意気を笑っていただければありがたい。

　実に本著は草稿の完成後しばらくの間、冬眠の憂き目をみた。このまま消え去るかと諦めかけていたところ、金融財政事情研究会の谷川治生理事が救いの手を差し伸べてくださった。また、出版部の西田侑加さんは若い読者の視点から貴重な意見をくださった。謹んでお礼を申し上げる。

2018年1月

根岸　康夫

# 目　次

## 序　章　なぜデリバティブを学ぶ必要があるのか ……………… 1

## 第1部　オプション

### 第1章　オプションの直感的理解

(1) 宝くじはオプションである ……………………………………… 6
(2) 日経平均オプションを宝くじ用語で読み解く ………………… 8
(3) 日経平均コール・オプションを買う …………………………… 11
　　日経平均オプションの当選発表日 ……………………………… 13
　　コールの当選賞金と損益 ………………………………………… 14
　　コール・オプション価格から読み取る日経平均の予想 ……… 15
　　建玉、売買高の読み方 …………………………………………… 17
(4) 日経平均プット・オプションを買う …………………………… 18
　　プットの当選賞金と損益 ………………………………………… 19
　　日経平均プット・オプションからの予想 ……………………… 19
(5) オプションを「売る」 …………………………………………… 20
　　コールを売った投資家の損益 …………………………………… 22
　　プットを売った投資家の損益 …………………………………… 23
　　日経平均の上昇を予想する投資家は「コールを買う」のか「プットを売る」のか ……………………………………………… 24
(6) オプションは損害保険でもある ………………………………… 25
　　イン・ザ・マネー（ITM）、アウト・オブ・ザ・マネー（OTM）……… 32
　　本質的価値、時間価値 …………………………………………… 34

# 第 2 章　オプション・プレミアムの決定要因

(1) オプション・プレミアムの決定要因とは何か ………………………… 37
(2) オプションをグラフに描く ……………………………………………… 41
(3) 原資産価格の影響 ………………………………………………………… 43
(4) 権利行使価格の影響 ……………………………………………………… 45
(5) ボラティリティの影響 …………………………………………………… 50
　　市場データでの検証 ……………………………………………………… 51
(6) 残存期間の影響 …………………………………………………………… 52

# 第 3 章　オプションの合成

(1) 一般的なオプションのグラフ …………………………………………… 56
(2) ストラドルの買い（ロング）、売り（ショート） …………………… 62
(3) バタフライの買い（ロング）、売り（ショート） …………………… 67
(4) ヴァーティカル・スプレッド（ブル型、ベア型） …………………… 72
　　ヴァーティカル・スプレッド（ブル型） ……………………………… 72
　　ヴァーティカル・スプレッド（ベア型） ……………………………… 74
(5) プロテクティブ・プット、カバード・コール ………………………… 75
　　プロテクティブ・プット ………………………………………………… 76
　　カバード・コール ………………………………………………………… 77

# 第 4 章　プット・コール・パリティ

(1) 期日の日経平均がいかなる場合でも確実に利益を得る方法 ………… 79
　　取引開始時 ………………………………………………………………… 81
　　期日時点（決済） ………………………………………………………… 81
(2) 裁定取引の原理 …………………………………………………………… 83

(3) オプションで「先物取引と同じ商品」をつくろう ················· 87
(4) プット・コール・パリティ ····································· 89
　　理論上想定されている「空売り」 ································ 94
　　現実に行われている「信用売り」 ································ 96

## 第5章　時間価値を含めたオプション損益線

(1) オプションの反対売買による決済 ······························· 99
(2) オプションの本当の損益線 ··································· 101
(3) 時間価値 ··················································· 102
(4) オプションの感応度 ········································· 106

## 第6章　隠れているオプション（複合金融商品）

(1) 新株予約権付社債（転換社債型、CB） ························· 109
　　転換価格 ···················································· 110
　　CBを買った投資家はどういうときに得する（損する）か ········· 111
　　CBと類似の複合金融商品　懸賞金付定期 ······················· 113
(2) 他社株転換条項付社債（EB） ································· 114
　　EBとCBの違い ················································ 115
　　EBを買った投資家はどういうときに得する（損する）か ········· 115
　　EBは債券か ·················································· 117
(3) CBにトラブルが少なく、EBにトラブルが多い理由 ··············· 119
(4) 日経平均リンク債 ··········································· 120
　　ノックイン・オプション ······································ 120
　　日経平均リンク債を買った投資家はどういうときに得する（損する）
　　か ·························································· 121
　　パリティ価格の注意点 ········································ 124

キャップ取引 …………………………………………………… 129
フロア取引 …………………………………………………… 131
カラー取引 …………………………………………………… 132
ノックイン・オプション、ノックアウト・オプション ………… 134
先物オプション、スワップション ……………………………… 136

# 第2部　先　物

## 第7章　株式先物

(1)　先物取引とは ……………………………………………… 140
(2)　先物取引の数値例 ………………………………………… 144
　　先物を買う ………………………………………………… 144
　　先物を売る ………………………………………………… 145
(3)　先物の理論価格 …………………………………………… 147
(4)　先物によるヘッジ取引 …………………………………… 154
　　名目元本の意味 …………………………………………… 156
　　名目元本からの計算 ……………………………………… 159
　　名目元本からの計算 ……………………………………… 161
　　名目元本からの計算 ……………………………………… 163

## 第8章　外貨先物（為替予約）

(1)　金利平価　為替予約付ドル金利vs円金利 ……………… 164
(2)　TTSとTTB ………………………………………………… 167
(3)　購買力平価説 ……………………………………………… 169
(4)　ドル預金を先物取引として理解する …………………… 175

# 第3部　スワップ

## 第9章　金利スワップ

(1) 金利スワップの仕組み ………………………………………… 178
(2) スワップ・レートの理論値 …………………………………… 179
　　変動金利の受取りの現在価値合計 ………………………… 180
　　固定金利の受取りの現在価値合計 ………………………… 181
(3) 金利スワップの目的（動機）………………………………… 182
(4) FRA（Forward Rate Agreement、金利先渡契約）………… 186

## 第10章　通貨スワップ

(1) 通貨スワップの概要 …………………………………………… 189
(2) 通貨スワップの目的 …………………………………………… 191
(3) 通貨スワップの理論値 ………………………………………… 192

## 第11章　その他のスワップ

(1) DES（Debt Equity Swap）…………………………………… 195
(2) CDS（Credit Default Swap）………………………………… 196

## 補講　オプション価格理論 ……………………………… 199

(1) 二項モデル ……………………………………………………… 200
(2) 二項モデル　複製ポートフォリオ法 ………………………… 202
　　期待収益率からの理論値が正解にはならない理由と裁定取引の実際 … 207
　　裁定取引（裁定理論）に生起確率が無関係な理由 ……………… 210

(3) 二項モデル　リスク中立確率 ································· 211
(4) 状態価格という発想 ············································ 222
　　状態価格は権利行使価格によらず一定 ························ 224
　　状態価格を経ずにリスク中立確率からダイレクトに計算する ········ 227
(5) 二項モデルの応用例1：社債とCDS ···························· 227
　　生起確率によるCDSフィーの算出（誤り）···················· 228
　　オプションとしてのCDSフィーの算出（正しい）············· 229
　　裁定取引の方法 ················································ 230
(6) 二項モデルの応用例2：リアル・オプション ················ 230
　　正味現在価値（NPV）、リアル・オプション、どちらが正しいか ····· 233
(7) ブラック＝ショールズ・モデル ······························ 235
　　伊藤のレンマが生んだブラック＝ショールズ・モデル ·········· 235
　　BSモデルはインプライド・ボラティリティを計算するための道具 ····· 238

**事項索引** ························································ 248

# 序章
# なぜデリバティブを学ぶ必要があるのか

　デリバティブ（金融派生商品）には、ハイリスク、投機（ギャンブル）そのもの、巨額損失の原因等々、不健全なイメージがつきまとう。「素人が手を出すべきではない」という意見に筆者も賛同する。ただし、筆者が反対する理由は「デリバティブが危険だから」ではなく、「（デリバティブに限らず）取引が理解できないのなら参加してはならない」という原則からだ。

　一般的な投資家はリスクを嫌う。「リスク＝危険」だから嫌って当然である。現代ポートフォリオ理論（Modern Portforio Theory）も、投資家がリスク回避型であることを前提としている。リスクを嫌う一般的な投資家が「デリバティブを学ぶ必要があるのか」というのは、実はきわめて重要な問いかけである。

　理論的には「デリバティブには投機だけでなくヘッジ機能もあるから」、すなわち保険としての機能があげられるだろう（この意味は第1章(6)で詳述する）。しかし、現実に日経平均オプションや日経平均先物を保険として売買しないといけない投資家はそう多くはないだろう。

　筆者は「リスクを嫌う一般的な投資家」が「デリバティブを学ばなければならない理由」として下記の2つをあげる。

① デリバティブと明示されていない金融商品を、気がつかないまま購入することを避ける。
② 「リスクが嫌いだから高リスク商品には手を出さない」という勘違いを解消し、資産管理の方法を改善する。

　①に関しては「あってはならないこと」であるが、悪意が疑われる金融商品が歴史的に存在した（日本でも金融庁から業務改善命令が出された事例があ

る)。現在および将来にわたってこのようなことが繰り返されることはないと信じたいが、顧客側の「自分勝手な思い込み・勘違い」によるトラブルの可能性がゼロになることはないだろう。たとえば「他社株転換条項付社債(Exchangeable Bond、EB)」を「高利回りの社債」と期待することなどがあげられる(EBに関しては第6章で詳述する)。EBは「プット・オプションの売り」そのものである。強調しておきたいのはEBが悪い商品なのではない。ただ、EBを「高利回りの社債」と勘違いして購入するのは間違いである。

②は建設的な方向だ。資産運用に関して最もありがちな勘違いが「リスクが嫌いだから低リスクな商品を選ぶ」だ。このような発想は資産運用の選択肢を著しく狭めることになるだけでなく、「効果的なリスクを回避する方法を知らない」という実害を被ることになる。「リスクが嫌いな投資家が、高リスク商品を効率的に使う」方法が存在する。何も高度な金融工学を持ち出す必要はない。下記の数値例で考えてみよう。

## 数値例

Aさんは1,000万円の運用を考えている。ただし年間±2%(±20万円)の変動幅に抑えたい。運用商品として下記の資産がある。

| 資産1 | 預金(無リスク) | 1年後の変動幅(リスク) | ±0% |
| 資産2 | 公社債投信(低リスク) | 1年後の変動幅(リスク) | ±2% |
| 資産3 | 株式投信(中リスク) | 1年後の変動幅(リスク) | ±20% |
| 資産4 | デリバティブ(高リスク) | 1年後の変動幅(リスク) | ±100% |

〔案1〕 1,000万円全額を低リスク資産で運用

すぐ思いつくのは「資産2 公社債投信(±2%)」であろう。この投資信託を1,000万円分購入すれば「年間±2%(±20万円)の変動幅」が実現できる。

```
資産2  公社債投信1,000万円
     低リスク(±2%)
```

しかし、「1,000万円を低リスクで運用する方法」はこれだけではない。

〔案2〕 900万円を預金で、100万円を株式投信で運用

| 資産1　預金（±0％）<br>900万円 | 資産3　株式投信<br>（±20％）<br>100万円 |
|---|---|

「資産3　株式投信（±20％）」の100万円の部分は1年後の変動幅は±20万円になる。しかし、「資産1　定期預金（±0％）」の900万円の部分は変動がないので、資産全体1,000万円からみれば変動幅は±20万円であり、案2も「資産全体の変動幅は±2％」という条件を満たしている。

しかも案2は安全性で案1より優れている。というのは案1の公社債投信の変動幅は±2％が必ず保証されるものではなく、大きくマイナスになることもありうる。一方、案2のうち預金900万円はセーフティネットの枠内であり、絶対に安全とみなせる。

さらに流動性の面からも、預金は「いつでも引き出し可能」だから案1よりも優れている。

　　（注）　販売側の事情（預貸率の改善や手数料目的）で案1を推奨したいというのは、もはや許される時代ではなくなったと筆者は考える。

案2の発想を極端化すると以下のようなプランも出てくるはずである。

〔案3〕

| 資産1　預金（±0％）<br>980万円 | 資産4<br>デリバティブ<br>（±100％）<br>20万円 |
|---|---|

「資産4　デリバティブ（±100％）」の20万円の部分は1年後には0万円になるかもしれない。倍の40万円になるかもしれない。しかし、資産全体1,000万円からみれば変動幅は±20万円であり、案2も「資産全体の変動幅は±2％」という条件を満たしている。特に「オプションの買い」を使えば損失が20万円以上になることはない（この意味は第1章で詳述する）。したがっ

て、案1、案2よりも強固に「最悪でも980万円を下回らない」というラインが守られる。

　「だから案3にすべき」と筆者は主張したいのではない。日本の一般的な投資家（販売側にも）に欠如しているのは「商品別のリスクを選択すること」ではなく、「資産全体でリスクを把握する」という観点だ。

　「高リスク商品を少額組み入れることで全体のリスクをより低くできる」選択肢が存在することを理解し、現実に活かすために一般的な投資家もデリバティブを学習する必要があると筆者は考える。

# 第1部

# オプション

# 第 1 章

## オプションの直感的理解

---
**本章のテーマ**
---

　オプションが「複雑怪奇で理解し難く危険なもの」というのは「誤った先入観」にすぎない。日本でも一般市民に広く知られ、健全に楽しまれているオプション取引がある。宝くじだ。宝くじはデジタル・エキゾティック・オプションである（\*）。本章では宝くじ用語を使って日経平均オプションを読み解くことによって、オプションに対する偏見・先入観を取り除いていきたい。

---

(\*)「宝くじはデリバティブではない」という正統派理論家からの指摘があるだろう。この指摘に対する筆者の意見は後述する。

## (1) 宝くじはオプションである

　まず、「宝くじを購入する」ことをイメージしよう。といってもたわいないもので、だれでも知っているとおりのものだ。

---
STEP 1　宝くじ代金300円を支払って、宝くじを買う。
STEP 2　当選発表日に当たれば賞金をもらえる。
　　　　外れたら何もなし（もっている宝くじが紙くずになるだけ）
---

　この「宝くじを買う」という取引を「複雑怪奇で理解し難く危険なもの」であると感じる日本人はいないだろう。
　これをオプション用語を使って書き換えてみよう。

> STEP 1　オプション・プレミアム（オプション価格）300円を支払って、オプションを買う。
> STEP 2　オプション期日に当たっていれば権利行使して利益を得る。外れたら権利行使しない（権利放棄）。

つまり、宝くじ用語とオプション用語は以下のように対応している。

| 宝くじ用語 | | オプション用語 |
| --- | --- | --- |
| 宝くじ | ⇔ | オプション |
| 宝くじ代金 | ⇔ | オプション・プレミアムまたはオプション価格 |
| 当選発表日 | ⇔ | オプション期日 |
| 当たれば賞金をもらえる | ⇔ | 権利行使して利益を得る |
| 外れたら何もなし | ⇔ | 権利行使しないまたは権利放棄する |

　宝くじの「賞金をもらえる」のは「権利」である。権利には「行使する自由」とともに「行使しない自由」もある。宝くじが当選しても賞金を受け取らない自由だってある。日本宝くじ協会がたまに新聞に出す「当選しているのに賞金を受け取りに来られない方がいらっしゃいます。お手元の宝くじ券をご確認ください」という広告をみた人もいるだろう。皮肉な言い方をすれば「賞金を受け取らないのもあなたの勝手」ということだ。

　もし「賞金を受け取る」ことが「義務」であれば、宝くじ協会（オプションの売り手）は販売窓口でくじの購入客に銀行口座を申告させ、当選の場合には本人の許諾なしに口座に強制的に賞金を振り込むことだろう。ちなみに先物取引は「義務の売買」といえる。賞金の受取りを拒否することはできないのである（拒否する人はいないだろうが）。

　老婆心ながら本書の冒頭において一言。金融取引に限らず、本来複雑なものを単純なものにたとえて説明しようとするのは非常に危険である。わかり

やすく聞こえても、それが聞き手にとんでもない誤解を与えてしまう危険性がつきまとうからだ。筆者はそのリスクを覚悟のうえで慎重に議論を進めるつもりだ。安直にたとえ話で説明しようとしているわけではないことは理解してほしい。

そのうえで「オプション取引を宝くじにたとえる」ことが「本質を伝える」だけでなく、大きな副産物（効果）が得られると考えている。それは「一般市民にとって健全な取引限度額」を想起させるからである。宝くじを年に10万円も買う人がいたとしても、「ずいぶん宝くじが好きなんだ」ですむ。しかし、何百万円も宝くじを購入するのは「健全な範囲を超えている」と感じるだろう。ましてや「たくさん買えば当たる確率が大きくなるんだから」といって、家を担保にお金を借りて何千万円も宝くじを購入しようとする人がいたら「常軌を逸している」としか思えないだろう。この金銭感覚（健全な取引限度額）は、オプション取引にもそのまま当てはまる。

## (2) 日経平均オプションを宝くじ用語で読み解く

前節では宝くじをオプション用語に置き換えたが、本節では代表的な上場オプションである「日経平均オプション」を宝くじ用語で読み解こう。次表は、日本経済新聞「市場体温計」の頁に掲載されている日経平均オプションの情報である。

[2017年4月13日]

日経平均株価（225種）　18,426円84銭

◇日経平均オプション・大取（円・枚、※は小数点以下切り捨て）

| | 権利行使価格 | 4月 | | | | 5月 | | | | 6月 |
|---|---|---|---|---|---|---|---|---|---|---|
| | | 終値 | 前日比 | 売買高 | 建玉 | 終値 | 前日比 | 売買高 | 建玉 | 終値 |
| コール | 18,125 | 250 | — | 2 | 24 | 600 | −80 | 3 | 24 | — |
| | 18,250 | 175 | −115 | 436 | 339 | 500 | −90 | 9 | 19 | — |
| | 18,375 | 95 | −115 | 3,594 | 1,957 | 435 | −85 | 305 | 312 | — |
| | 18,500 | 36 | −89 | 9,446 | 3,769 | 355 | −95 | 432 | 539 | 485 |
| | 18,625 | 13 | −47 | 5,967 | 3,819 | 295 | −70 | 101 | 173 | 425 |
| | 18,750 | 2 | −18 | 6,363 | 6,386 | 230 | −75 | 852 | 2,286 | 380 |
| | 18,875 | 1 | −7 | 2,563 | 1,816 | 185 | −60 | 396 | 394 | 315 |
| | 19,000 | 1 | −3 | 2,816 | 9,395 | 145 | −55 | 3,947 | 6,739 | 280 |
| | 19,125 | 1 | −1 | 2,032 | 3,298 | 105 | −50 | 1,287 | 1,421 | 225 |
| プット | 17,625 | 1 | −1 | 1,282 | 1,582 | 190 | +20 | 248 | 1,579 | 325 |
| | 17,750 | 2 | −1 | 2,130 | 4,283 | 210 | +20 | 1,333 | 2,631 | 345 |
| | 17,825 | 2 | −3 | 3,159 | 3,673 | 240 | +15 | 359 | 1,702 | 390 |
| | 18,000 | 4 | −4 | 11,047 | 10,986 | 270 | +25 | 7,013 | 15,283 | 410 |
| | 18,125 | 12 | −3 | 5,257 | 2,884 | 300 | +10 | 125 | 970 | 475 |
| | 18,250 | 35 | +6 | 10,283 | 5,208 | 350 | +35 | 364 | 5,281 | 520 |
| | 18,375 | 60 | +12 | 4,434 | 2,285 | 380 | +5 | 416 | 989 | 525 |
| | 18,500 | 130 | +50 | 4,443 | 9,760 | 450 | +55 | 546 | 8,066 | 635 |
| | 18,625 | 225 | +85 | 910 | 3,346 | 505 | +45 | 19 | 1,636 | — |

　オプション欄の上段部分はコール・オプション、下段部分はプット・オプションと区分されている。

　コール・オプションとプット・オプションの一般的な定義は、

・「コール・オプションとは原資産（原証券）を、期日に、権利行使価格で、購入する権利」の売買

・「プット・オプションとは原資産（原証券）を、期日に、権利行使価格で、売却する権利」の売買

である。コール取引は「買う権利の売り」と「買う権利の買い」、プット取引は「売る権利の売り」と「売る権利の買い」になるのだが、これで理解しろというのは無理難題であろう。

　そこでコール・オプションとプット・オプションを宝くじになぞらえて説明しよう。宝くじにはさまざまな種類がある。最も有名な年末ジャンボ宝くじのほか、スクラッチ、ナンバーズ、Jリーグの試合結果に基づくtotoやBIG等々。コール・オプション、プット・オプションもさまざまな種類があるオプション（宝くじ）のなかのひとつで、

　「コール・オプションは値上がりしたら当たりの宝くじ」

　「プット・オプションは値下がりしたら当たりの宝くじ」

なのである。

　筆者は以前から「どうしてコールが値上がりで、プットが値下がりなんだ？　そもそもコールとプットは反対語なのか」という素朴な疑問を抱き、いまだに納得できる解答が得られていない。実は英語圏の人々にとってもそれほど自然な命名ではないのではないかと勘ぐっている。

　もし筆者にオプションの命名が託されたならば、コール（Call）ではなくハイ（High）かアップ（Up）、プット（Put）ではなくロー（Low）かダウン（Down）を使ったことだろう。もとより、戯言であることは承知しているが、デリバティブに限らず初学者・門外漢にとって理解を阻む要素として「不適切な命名、不自然な命名」があると思う。

| コール・オプションとは | プット・オプションとは |
| --- | --- |
| 値上がりしたら当たりの宝くじ（筆者が命名するならばハイ・オプションまたはアップ・オプション） | 値下がりしたら当たりの宝くじ（筆者が命名するならばロー・オプションまたはダウン・オプション） |

　ところで「何が」値上がりしたら当たりなのか。そう、宝くじの当たり外れを決定する何かが必要である。何を基準としてもよい。「ドルが値上がりしたら当たり」とするとドル・コール・オプション、「日経平均が値上がりしたら当たり」なのが日経平均コール・オプションなのである。

このように「当たり外れの基準となるもの」をオプション用語で原資産、あるいは原証券と呼ぶ。**コール・オプションとは「原資産価格が値上がりしたら当たりの宝くじ」、プット・オプションとは「原資産価格が値下がりしたら当たりの宝くじ」である。**

日経平均コール・オプションは、「日経平均が値上がりしたら当たりの宝くじ」であるが、毎日、時々刻々と値上がり・値下がりを繰り返している日経平均では、1円でも値上がりしたら当たりかというと、そう甘くはない。「～円以上に値上がりしたら」という、いわば当選基準、あるいはハードルとでもいうべき価格が設定されている。**この価格をオプション用語で権利行使価格と呼ぶ。**

この「権利行使価格」という日本語への翻訳もオプションをむずかしいと勘違いさせる要因のひとつだと筆者は考えている。英語ではStrike Priceと表記される。英語をそのまま「ストライク・プライス」とカタカナ表記にしたほうが日本人にとってもなじみがあったと思う。そのほうが「当たり」という感覚がよく伝わるだろう。

## (3) 日経平均コール・オプションを買う

大雑把なイメージはつかめたと思う。では、具体的に日経新聞のオプション欄の太線で囲んだコール・オプションの「485」という数値が何を意味しているのか、オプション用語と宝くじ用語の両方を使って読み解いていこう。

[2017年4月13日]

日経平均株価（225種）　18,426円84銭

◇日経平均オプション・大取（円・枚、※は小数点以下切り捨て）

| 権利行使価格 | | 4月 | | | | 5月 | | | | 6月 |
|---|---|---|---|---|---|---|---|---|---|---|
| | | 終値 | 前日比 | 売買高 | 建玉 | 終値 | 前日比 | 売買高 | 建玉 | 終値 |
| コール | 18,125 | 250 | ― | 2 | 24 | 600 | －80 | 3 | 24 | ― |
| | 18,250 | 175 | －115 | 436 | 339 | 500 | －90 | 9 | 19 | |
| | 18,375 | 95 | －115 | 3,594 | 1,957 | 435 | －85 | 305 | 312 | |
| | **18,500** | ←36 | 89 | 9,446 | 3,769 | 355 | 95 | 432 | 539 | **485** |
| | 18,625 | 13 | －47 | 5,967 | 3,819 | 295 | －70 | 101 | 173 | 425 |
| | 18,750 | 2 | －18 | 6,363 | 6,386 | 230 | －75 | 852 | 2,286 | 380 |
| | 18,875 | 1 | －7 | 2,563 | 1,816 | 185 | －60 | 396 | 394 | 315 |
| | 19,000 | 1 | －3 | 2,816 | 9,395 | 145 | －55 | 3,947 | 6,739 | 280 |
| | 19,125 | 1 | －1 | 2,032 | 3,298 | 105 | －50 | 1,287 | 1,421 | 225 |

　右端の「485」の列の上に「6月」という表記がある。これは**オプション期日、つまり宝くじの当選発表日である**。大阪証券取引所に上場されている日経平均オプションの場合、期日は毎月第2金曜日と定められているので2017年6月9日（金）である。ただし6月9日（金）の日経平均の終値ではなく始値（当日の取引開始時の価格）に基づいて算出される特別精算指数（Special Quotation、SQ）と称される価格で決済される。

　「485」の行の左端に「18,500」という数値がある。これは権利行使価格、宝くじの当選基準である。

　そして「485」そのものはオプション価格、宝くじの代金である。

　大阪証券取引所に上場されている実際の日経平均オプションは1枚485円では売買できない。その1,000倍、すなわち1枚48万5,000円で売買することになる。もっと取引単位が低ければ普及すると思うのだが。ここでは便宜上「1枚485円」と表記するが注意してほしい。

　以上をまとめてコール「485」をオプション用語と宝くじ用語の両方で表

現してみよう。

| オプション用語 | 宝くじ用語 |
|---|---|
| 2017年6月限月、権利行使価格18,500円の日経平均コール・オプションのオプション価格が1枚485円（*）である。 | 2017年6月9日に日経平均が**18,500円以上に値上がりしたら当たり**の宝くじが1枚485円（*）で買える。 |

（*） 実際には1枚485円ではなく、その1,000倍、すなわち1枚48万5,000円。

## 日経平均オプションの当選発表日

[2017年4月13日]

日経平均株価（225種）　18,426円84銭
◇日経平均オプション・大取（円・枚、※は小数点以下切り捨て）

| 権利行使価格 | | 4月 | | | | 5月 | | | | 6月 |
|---|---|---|---|---|---|---|---|---|---|---|
| | | 終値 | 前日比 | 売買高 | 建玉 | 終値 | 前日比 | 売買高 | 建玉 | 終値 |
| コール | 18,125 | 250 | — | 2 | 24 | 600 | −80 | 3 | 24 | — |
| | 18,250 | 175 | −115 | 436 | 339 | 500 | −90 | 9 | 19 | — |
| | 18,375 | 95 | −115 | 3,594 | 1,957 | 435 | −85 | 305 | 312 | — |
| | **18,500** | **36** | −89 | 9,446 | 3,769 | **355** | −95 | 432 | 539 | **485** |
| | 18,625 | 13 | −47 | 5,967 | 3,819 | 295 | −70 | 101 | 173 | 425 |
| | 18,750 | 2 | −18 | 6,363 | 6,386 | 230 | −75 | 852 | 2,286 | 380 |
| | 18,875 | 1 | −7 | 2,563 | 1,816 | 185 | −60 | 396 | 394 | 315 |
| | 19,000 | 1 | −3 | 2,816 | 9,395 | 145 | −55 | 3,947 | 6,739 | 280 |
| | 19,125 | 1 | −1 | 2,032 | 3,298 | 105 | −50 | 1,287 | 1,421 | 225 |

　上表の太線で囲んだ「36」「355」「485」はいずれも「18,500円以上に値上がりしたら当たりの宝くじ」の価格であるが、当選発表日はそれぞれ2017年4月、5月、6月の第2金曜日である。宝くじ協会の宝くじでいうと、当選発表日が異なるサマージャンボ宝くじと年末ジャンボ宝くじが同時に発売さ

れているようなものだ。当選基準である権利行使価格も125円刻みで発売されている。このように日経平均オプションは当選条件が細分化されて売買されているのである。

## コールの当選賞金と損益

さて、肝心なのは「宝くじが当たったらいくらもらえるのか」である。日経平均コール・オプションの「期日の利益」、すなわち「賞金」を解説しよう。2017年4月13日に2017年6月限月、権利行使価格18,500円の日経平均コール・オプションを1枚485円で購入した。そして当選発表日（期日）2017年6月9日の日経平均（特別清算指数、SQ）は19,997円であった。賞金はもらえるのか、そしてもらえるとしたらいくらだろうか。

コールの当選条件は「18,500円以上に値上がりしたら当たり」なので、日経平均（特別清算指数）が19,997円だったから「当たり」である。

**コールの賞金は「原資産価格が当選基準（権利行使価格）を上回った金額」となる**。この場合、当選基準（権利行使価格）は18,500円、期日の日経平均（原資産価格）は19,997円で1,497円だけ上回っている。よって利益は1,497円となる。

コールの利益1,497円＝期日の日経平均19,997円－権利行使価格18,500円

では、上記のコールを買った投資家は1,497円儲けたのだろうか。宝くじは当たっても外れても最初に支払った宝くじ代金485円は返金されない。だから購入代金485円を支払って賞金1,497円を受け取ったので、差し引きで1,012円を儲けたことになる。

コール全体の最終損益1,012円＝賞金1,497円－支払った購入代金485円

つまり**コール全体の最終損益は、「権利行使して得た利益がオプション・プレミアム（オプション価格）を上回った金額」となる**。

もしSQが18,600円であった場合、コール全体の損益はどうであったろうか。コールの当選条件は「18,500円以上に値上がりしたら当たり」なので、SQが18,600円でも「当たり」である。

コールの賞金100円＝期日の日経平均18,600円－権利行使価格18,500円
この場合でも最初に支払った宝くじ代金485円は返金されないので、
　　コール全体の最終損益▲385円＝賞金100円－支払った購入代金485円
となり、宝くじが当たったにもかかわらず損をすることになる。

（注）　現実の宝くじでもよく起こる。1枚300円の宝くじを100枚、3万円で買って、1枚だけ4等賞金3,000円が当たった場合、トータルで27,000円の損になる。当選しても賞金が購入代金を上回らなければ儲からない。

　では、もしSQが予想を大きく裏切って9,900円に大暴落した場合、どうなるだろうか。コールの当選条件は「18,500円以上に値上がりしたら当たり」なので、当然「外れ」である。外れも外れ、大外れなのだが、だからといって損失が大きくなるわけではない。賞金がもらえないだけだ。
　　コール全体の損益▲485円＝賞金0円－支払った購入代金485円
　**つまり「コールを485円で買った投資家」は、何が起きようとも485円以上損することはない。宝くじを買って、最初に支払った宝くじ代金が紙くずになることだけ覚悟すればよいのと同じだ。**

### コール・オプション価格から読み取る日経平均の予想

　「2017年4月13日に2017年6月限月、権利行使価格18,500円の日経平均コール・オプションを1枚485円で購入」した投資家は、期日（6月9日）に日経平均がいくらになると予想していたのだろうか。
　このコールの当選基準（権利行使価格）は18,500円だから「18,500円以上と予想した」と考えるのは間違いである。なぜなら当たっても最初に支払ったコール代金（オプション・プレミアム）485円は返ってこないからである。
　だから賞金が「コール代金の485円以上」にならなければ損をすることになる。賞金が485円以上になるのは期日の日経平均が権利行使価格18,500円を485円以上上回る必要があるので、「期日の日経平均は18,985円以上になる」と予想したはずである。
　　コールを買った投資家の予想18,985円以上

＝（権利行使価格18,500円＋コール価格485円）以上

　このようにしてオプション欄から日経平均の予想アンケートを読み取ることができる。期日が同じでも権利行使価格が異なると予想も若干異なる。6月限月コール購入者の予想を書き並べてみよう。

[2017年4月13日時点]

6月限月コール購入者の日経平均予想

| 権利行使価格 | オプション価格 | 狙う賞金（オプション価格以上） | 期日（2017年6月9日）の日経平均予想 |
|---|---|---|---|
| 18,500円 | 485円 | 485円以上 | 18,500円＋485円以上＝18,985円以上 |
| 18,625円 | 425円 | 425円以上 | 18,625円＋425円以上＝19,050円以上 |
| 18,750円 | 380円 | 380円以上 | 18,750円＋380円以上＝19,130円以上 |
| 18,875円 | 315円 | 315円以上 | 18,875円＋315円以上＝19,190円以上 |
| 19,000円 | 280円 | 280円以上 | 19,000円＋280円以上＝19,280円以上 |
| 19,125円 | 225円 | 225円以上 | 19,125円＋225円以上＝19,350円以上 |

　当然であるが、コールを買う投資家＝「値上がりしたら当たりの宝くじを買う人」の日経平均に対する予想は、当選基準（権利行使価格）が高いほど予想も高めになっている。

## 建玉、売買高の読み方

[2017年4月13日]

日経平均株価（225種）　18,426円84銭

◇日経平均オプション・大取（円・枚、※は小数点以下切り捨て）

| | 権利行使価格 | 4月 | | | | 5月 | | | | 6月 |
|---|---|---|---|---|---|---|---|---|---|---|
| | | 終値 | 前日比 | 売買高 | 建玉 | 終値 | 前日比 | 売買高 | 建玉 | 終値 |
| コール | 18,125 | 250 | ― | 2 | 24 | 600 | -80 | 3 | 24 | ― |
| | 18,250 | 175 | -115 | 436 | 339 | 500 | -90 | 9 | 19 | ― |
| | 18,375 | 95 | -115 | 3,594 | 1,957 | 435 | -85 | 305 | 312 | ― |
| | 18,500 | 36 | -89 | 9,446 | 3,769 | 355 | -95 | 432 | 539 | 485 |
| | 18,625 | 13 | -47 | 5,967 | 3,819 | 295 | -70 | 101 | 173 | 425 |
| | 18,750 | 2 | -18 | 6,363 | 6,386 | 230 | -75 | 852 | 2,286 | 380 |
| | 18,875 | 1 | -7 | 2,563 | 1,816 | 185 | -60 | 396 | 394 | 315 |
| | 19,000 | 1 | -3 | 2,816 | 9,395 | **145** | -55 | **3,947** | **6,739** | 280 |
| | 19,125 | 1 | -1 | 2,032 | 3,298 | 105 | -50 | 1,287 | 1,421 | 225 |

　6月は記載が省略されているが、4月限月、5月限月には売買高（単位：千円）と建玉（枚数）が記載されている。後述するがオプション価格は常時変動するので、枚数だけから売買高を推定することはできないので両方が開示されている。

　5月限月の場合、権利行使価格19,000円のコール・オプションが最も多く売買されている。現在のオプション価格145円から「5月限月（5月12日）には日経平均が19,145円以上になる」という予想が一番人気であることが読み取れる。

　もちろん、「一番人気の予想が当たる」とは限らないことはいうまでもないだろう。

第1章　オプションの直感的理解

## (4) 日経平均プット・オプションを買う

　同様に日経平均プット・オプションを宝くじ用語で読み解いてみよう。コールが「値上がりしたら当たり」に対して、プットが「値下がりしたら当たり」であることにだけ注意すれば後は同じである。

[2017年4月13日]

日経平均株価（225種）　18,426円84銭

◇日経平均オプション・大取（円・枚、※は小数点以下切り捨て）

| | 権利行使価格 | 4月 | | | | 5月 | | | | 6月 |
|---|---|---|---|---|---|---|---|---|---|---|
| | | 終値 | 前日比 | 売買高 | 建玉 | 終値 | 前日比 | 売買高 | 建玉 | 終値 |
| プット | 17,625 | 1 | −1 | 1,282 | 1,582 | 190 | +20 | 248 | 1,579 | 325 |
| | 17,750 | 2 | −1 | 2,130 | 4,283 | 210 | +20 | 1,333 | 2,631 | 345 |
| | 17,825 | 2 | −3 | 3,159 | 3,673 | 240 | +15 | 359 | 1,702 | 390 |
| | 18,000 | 4 | −4 | 11,047 | 10,986 | 270 | +25 | 7,013 | 15,283 | 410 |
| | 18,125 | 12 | −3 | 5,257 | 2,884 | 300 | +10 | 125 | 970 | 475 |
| | 18,250 | 35 | +6 | 100283 | 5,208 | 350 | +35 | 364 | 5,281 | 520 |
| | 18,375 | 60 | +12 | 4,434 | 2,285 | 380 | +5 | 416 | 989 | 525 |
| | **18,500** | **130** | **+50** | **4,443** | **9,760** | **450** | **+55** | **546** | **8,066** | **635** |
| | 18,625 | 225 | +85 | 910 | 3,346 | 505 | +45 | 19 | 1,636 | — |

　プット「635」をオプション用語と宝くじ用語の両方で表現してみよう。

| オプション用語 | 宝くじ用語 |
|---|---|
| 2017年6月限月、権利行使価格18,500円の日経平均プットオプションのオプション価格が1枚635円（*）である | 2017年6月9日に日経平均が18,500**円以下に値下がりしたら当たり**の宝くじが1枚635円（*）で買える |

（*）　実際には1枚635円ではなく、その1,000倍、すなわち1枚63万5,000円。

## プットの当選賞金と損益

当選発表日（期日）2017年6月9日の日経平均（特別清算指数、SQ）は19,997円であった。

プットの当選条件は「18,500円以下に値下がりしたら当たり」なので、19,997円だから「外れ」、したがって「賞金（権利行使による利益）はゼロ」である。

　　プット全体の最終損益▲635円＝賞金0円－支払った購入代金635円

もしSQが18,400円であった場合、プット全体の損益はどうであったろうか。コールの当選条件は「18,500円以下に値下がりしたら当たり」なので、SQが18,400円なら「当たり」である。

　　プットの賞金100円＝権利行使価格18,500円－期日の日経平均18,400円

この場合でも最初に支払った宝くじ代金635円は返金されないので、

　　プット全体の損益▲535円＝賞金100円－支払った購入代金635円

宝くじが当たったにもかかわらず損をすることになる。

## 日経平均プット・オプションからの予想

では、「2017年4月13日に2017年6月限月、権利行使価格18,500円の日経平均プット・オプションを1枚635円で購入」した投資家は、期日（6月9日）に日経平均がいくらになると予想していたのだろうか。

このコールの当選基準（権利行使価格）は18,500円だから「18,500円以下と予想した」と考えるのは間違いである。上述したように当たっても支払ったプット代金635円は返ってこないからである。

だから賞金が「プット代金635円以上」でなければならない。賞金が635円以上になるのは期日の日経平均が権利行使価格18,500円を635円以上下回る必要があるので、「期日の日経平均は17,865円以下になる」と予想したはずである。

　　プットを買った投資家の予想17,865円以下

　　　　= 権利行使価格18,500円 − プット価格635円以下

　期日が同じでも権利行使価格が異なると予想も若干異なる。6月限月プット購入者の予想を書き並べてみよう。

[2017年4月13日時点]
6月限月プット購入者の日経平均予想

| 権利行使価格 | オプション価格 | 狙う賞金（オプション価格以上） | 期日（2017年6月9日）の日経平均予想 |
|---|---|---|---|
| 17,625円 | 325円 | 325円以上 | 17,625円 − 325円以上 = 17,300円以下 |
| 17,750円 | 345円 | 345円以上 | 17,750円 − 345円以上 = 17,405円以下 |
| 17,825円 | 390円 | 390円以上 | 17,825円 − 390円以上 = 17,435円以下 |
| 18,000円 | 410円 | 410円以上 | 18,000円 − 410円以上 = 17,590円以下 |
| 18,125円 | 475円 | 475円以上 | 18,125円 − 475円以上 = 17,650円以下 |
| 18,250円 | 520円 | 520円以上 | 18,250円 − 520円以上 = 17,730円以下 |
| 18,375円 | 525円 | 525円以上 | 18,375円 − 525円以上 = 17,850円以下 |
| 18,500円 | 635円 | 635円以上 | 18,500円 − 635円以上 = 17,865円以下 |

　当然であるが、プットを買う投資家＝「値下がりしたら当たりの宝くじを買う人」の日経平均に対する予想は、当選基準（権利行使価格）が低いほど予想価格も低めになっている。

## (5) オプションを「売る」

　宝くじと日経平均オプションは同種の取引であるが、相違点も多い。宝くじを販売するのは「宝くじ協会」という1法人だけで、個人で「宝くじを売る」ことはできない。それに対して日経平均オプションという宝くじは、取引の参加者が「買う」ことも「売る」こともできる。

　宝くじを売った場合にどうなるのかイメージしよう。「買った人」の取引相手になるので、入金・出金が逆になるだけである。

|  | 宝くじを買った人 | 〔現金の流れ〕 | 宝くじを売った人（宝くじ協会） |
|---|---|---|---|
| 宝くじ代金 | 宝くじ代金を支払う（出金、費用） | ⇒ | 宝くじ代金を受け取る（入金、収益） |
| 賞　金 | 当たったら賞金を受け取る（入金、収益） | ⇐ | 当たったら賞金を支払う（出金、費用） |
| 目　的 | 賞金狙い（買った宝くじは当たってほしい） |  | 宝くじ代金狙い（売った宝くじは外れてほしい） |

　これがそのまま「コール・オプションを売った人」「プット・オプションを売った人」の立場につながる。

|  | オプションを買った人（買った宝くじは当たってほしい） | オプションを売った人（売った宝くじは外れてほしい） |
|---|---|---|
| コール・オプション（値上がりしたら当たり） | コールの買い＝値上がりしてほしい（上昇予想） | コールの売り＝値下がりしてほしい（下落予想） |
| プット・オプション（値下がりしたら当たり） | プットの買い＝値下がりしてほしい（下落予想） | プットの売り＝値上がりしてほしい（上昇予想） |

**「日経平均が上昇する」と予想する投資家は、「コール・オプションを買う」か「プット・オプションを売る」**

**「日経平均が下落する」と予想する投資家は、「コール・オプションを売る」か「プット・オプションを買う」**

　ここでもオプション取引を宝くじにたとえた副産物（効果）が得られる。それは「一般市民が宝くじを買うのは危険ではない」が、「一般市民が宝くじを売るのは危険だ」ということが想像できるからだ。

　現実には禁止されているが、もし年末ジャンボ宝くじを個人が売ることができたら、と想像してみよう。宝くじを1枚売る、ということは宝くじ代金300円を受け取るということだ。そして売った宝くじはだれかが買ったので

ある。もし、売った宝くじが1等に当選してしまった場合には、売った人は買った人に賞金1億円を支払わねばならない。300円をもらうことを引き替えに1億円支払わねばならないリスクを引き受けることになるのだ。危険を通り越しておそろしい話である。

しかし、「宝くじを売るのがそれほど危険だったらだれも売らなくなる。すなわち、だれも宝くじを買えなくなるではないか」という疑問が出てくるだろう。そのとおり、一個人が気まぐれに宝くじを少量売るというのは危険であるが、宝くじ協会のような法人が一手に販売を引き受けて継続的に販売し続けるのであればそれほど大きな危険はないのだろう。

それどころか現実の宝くじ協会は絶対に損しないような仕組みになっているようにみえる。

否、宝くじ協会といえどもノー・リスクというわけにはいかない。もし、宝くじが販売不振を極めて、全国で1万枚しか売れなかった（1枚300円として300万円の収入しかなかった）としよう。そのうえで約束どおり1等当選が出た場合には大きな損失を被ってしまう、という立場にあるのだ。だから宝くじ協会はそのような事態が発生しないようにテレビコマーシャル等の販売促進に熱心なのである。

### コールを売った投資家の損益

前述の「コールを買った投資家」と対比しながら、「コールを売った投資家」の損益を示そう。

| | 2017年6月限月、権利行使価格18,500円の<br>日経平均コール・オプション | | |
|---|---|---|---|
| | コールを買った<br>投資家 | 〔現金の流れ〕 | コールを売った<br>投資家 |
| 2017年4月13日に<br>コール・オプションの<br>売買成立 | 1枚485円で購入<br>代金支払い▲485円 | ⇒<br>オプション代金<br>485円 | 1枚485円で売却<br>代金受取り＋485円 |
| 期日<br>2017年<br>6月9日　SQが<br>19,997円なら | 賞金受取り＋1,497円<br>合計＋1,012円 | ⇐<br>賞金 | 賞金支払い▲1,497円<br>合計　▲1,012円 |
| SQが<br>18,600円なら | 賞金受取り＋100円<br>合計　▲385円 | | 賞金支払い▲100円<br>合計　＋385円 |
| SQが<br>9,900円なら | 賞金受取り±0円<br>合計　▲485円 | | 賞金支払い±0円<br>合計　＋485円 |

「宝くじを買った投資家は宝くじ代金以上に損をしない」ことは、「宝くじを売った投資家は宝くじ代金以上に利益が出ない」ことを意味する。

「宝くじを買った投資家は日経平均が上昇すればするだけ受け取る賞金が大きくなる」ことは、「宝くじを売った投資家は日経平均が上昇すればするだけ支払わねばならない賞金が大きくなる」ことを意味する。

| コールを買った<br>投資家 | | コールを売った<br>投資家 |
|---|---|---|
| 損失は、宝くじ代金以上に大きくならない<br>利益は、日経平均が上昇すればするだけ大きくなる | ⇔ | 利益は、宝くじ代金以上に大きくならない<br>損失は、日経平均が上昇すればするだけ大きくなる |

## プットを売った投資家の損益

前述の「プットを買った投資家」と対比しながら、「プットを売った投資家」の損益を示そう。

| | 2017年6月限月、権利行使価格18,500円の<br>日経平均プット・オプション | | |
|---|---|---|---|
| | プットを買った<br>投資家 | 〔現金の流れ〕 | プットを売った<br>投資家 |
| 2017年4月13日に<br>プット・オプションの<br>売買成立 | 1枚635円で購入<br>代金支払い▲635円 | ⇒<br>オプション代金<br>635円 | 1枚635円で売却<br>代金受取り+635円 |
| 期日<br>2017年<br>6月9日　SQが<br>19,997円なら | 賞金受取り±0円<br>合計　▲635円 | ⇐<br>賞金 | 賞金支払い±0円<br>合計　　+635円 |
| SQが<br>18,400円なら | 賞金受取り+100円<br>合計　▲535円 | | 賞金支払い▲100円<br>合計　　+535円 |
| SQが<br>10,000円なら | 賞金受取り+8,500円<br>合計　+7,865円 | | 賞金支払い▲8,500円<br>合計　　▲7,865円 |

| プットを買った<br>投資家 | | プットを売った<br>投資家 |
|---|---|---|
| 損失は、宝くじ代金以上に大きくならない<br>利益は、日経平均が下落すればするだけ大きくなる | ⇔ | 利益は、宝くじ代金以上に大きくならない<br>損失は、日経平均が下落すればするだけ大きくなる |

## 日経平均の上昇を予想する投資家は「コールを買う」のか「プットを売る」のか

前述のように日経平均の上昇を予想する投資家は「コールを買う」か「プットを売る」のどちらかを選択する。

では、どちらを選択するべきか。もちろん、各々長所と短所があり、投資家は自分に許容された条件に応じて選択することになる。これまでも解説してきたことだが、もう一度まとめておこう。

[日経平均の上昇を予想する投資家の選択肢]

|  | コールを買う | プットを売る |
|---|---|---|
| 長所 | 損失がオプション価格に限定される<br>利益が大きくなる可能性がある | 取引開始時に資金が不要<br>(現実には証拠金が必要になるが「コールを買う」より少ない) |
| 短所 | 取引開始時に購入代金が必要 | 損失が限定されず、大きくなる可能性がある<br>利益は最初に受け取ったオプション価格に限定される |

　日経平均の下落を予想する投資家の選択肢も「コールを売る」か「プットを買う」か。各々の長所と短所も上記と同じである。要は「オプションを買う」か「オプションを売る」かの選択である。

[日経平均の下落を予想する投資家の選択肢]

|  | コールを売る | プットを買う |
|---|---|---|
| 長所 | 取引開始時に資金が不要<br>(現実には証拠金が必要になるが「プットを買う」より少ない) | 損失がオプション価格に限定される<br>利益が大きくなる可能性がある |
| 短所 | 損失が限定されず、大きくなる可能性がある<br>利益は最初に受け取ったオプション価格に限定される | 取引開始時に購入代金が必要 |

## (6) オプションは損害保険でもある

　次のような練習問題を考えてみよう。

> 　輸出を主力としている国内企業が、為替リスクをヘッジするためには、ドル・コール・オプション、ドル・プット・オプション、いずれを購入すればよいか。

　この練習問題が初学者を悩ます点は以下の3点である。

・課題1……輸出企業にとっての為替リスクとは何か。
・課題2……ヘッジとは何か。
・課題3……オプションはむずかしい。

上記の課題を1つずつ紐解いていこう。

〔課題1〕　輸出企業にとっての為替リスクとは何か

　まず「為替リスク」であるが、こと為替レートに関する苦手意識は金融機関に所属するものにすら蔓延している。筆者にいわせれば「金融業界にはびこる誤った慣習」が原因である。

　ひとまず為替レートを離れて株式取引の話をしよう。ある会社の株式を1株100円で購入したとしよう。

　第1の質問である。購入後、株高で儲かるだろうか、それとも株安で儲かるだろうか。

　「何を馬鹿な質問をするのか」と感じるだろう。いうまでもなく株高で儲かる。

　第2の質問である。株高とは100円という数字が大きくなることか、それとも小さくなることか。

　「どこまで馬鹿な質問をするのか」。100円という数字が大きくなることに決まっている。株式取引のことを「逆の逆だからわかりにくい」という人はいないだろう。

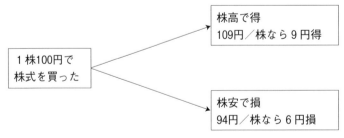

　為替レートも株式取引と同じである。株式のかわりに「ドル」を買う取引だと考えればよい。

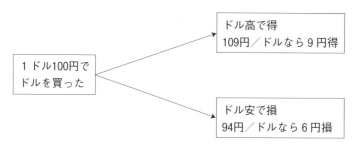

**ドル建て預金等でドルを購入した者は、ドル高になれば得をする。**ドル高とは為替レートと称される数値が大きくなることである。たったこれだけのことなのに「外貨建て取引は逆の逆で混乱する」人が多いのには原因がある。

以下のように為替レートの変動をドル高・ドル安と表現すべきところを、わが国ではわざわざ「円安・円高」と表現することで混乱が起きている。

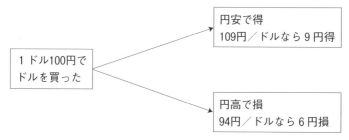

・混乱の原因1……「ドルを購入すると円安で得をする」

　「安くなったら得をする？」とここでイメージが一度逆転する。

・混乱の原因2……「円安とは為替レートを示す数値が大きくなることである」

　「数値が大きくなったら安くなる？」とここでもう一度イメージが逆転する。

そもそも「為替レート100円／ドル」という数値でもって「円高・円安」と表示するのは理論的に誤りである。なぜなら100円／ドルという数値は「1ドル＝100円」を意味し、この数値100円は「ドルの価格」であって「円の価格」ではない。どうしても「円の価格」を表示したければ1円＝1／100ドルから0.01ドル／円という数値を表示すべきだ。

新聞でもテレビでも雑誌でも「横軸に時間、縦軸に円」をとって、上に行くと数値が小さく、下に行くと数値が大きい縦軸を採用している。これで「上方向は円高」「下方向は円安」という混乱を招くグラフが主流である。

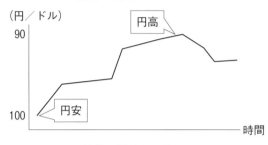

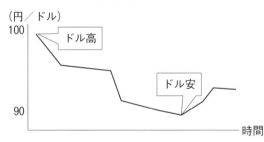

　さらに「輸出企業にとって円高・円安、どちらが損失をもたらすか」を即答できない人が多い。彼らは過去に学習ずみなのだが「円高・円安、どちらのほうが輸出価格競争力が衰えるのか」と複雑な思考過程をたどって結論に確信がもてないのだ。輸出価格競争力など考慮する必要はない。株式を保有する企業にとって損失となるのは株安の場合である。土地を保有する企業にとって損失になるのは土地の価格が下がった時である。輸出型企業は売上代金としてドルを保有している。したがって、ドル安の場合に損失が発生する。**輸出型企業にとってドル安が為替リスク（ダウンサイド・リスク）である。**

〔課題２〕　ヘッジとは何か
　ヘッジ・ファンドという不気味で怪しげなものが有名になってしまった

が、本来、ヘッジ（hedge）はリスク・ヘッジ（危険回避）の意味である。

　輸出型企業はドルを保有しているので、ドル安になると損失を被る。そこで「ドル安になると得をする取引」を付加しておけば「万一ドル安になっても損失を回避できる」だろう。このように「**万一の場合**」に備えて行う取引を**ヘッジ取引という。**

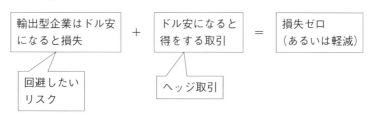

〔課題3〕　オプションはむずかしい

　ここまできたらもうおわかりだろう。ヘッジ取引として必要なのは「ドル安になると得をする取引」、すなわち「**ドルが値下がりしたら得**」な取引だからドル・プット・オプションの購入である。**このような目的で購入するプット・オプションをプロテクティブ・プットと呼ぶ。**

　もちろん「ドル安になると得をする取引」はドル・プット・オプションの購入だけではない。以下のように、実にさまざまなヘッジ取引が考えられる。

・ドルの先物売り
・ドル建ての借入れの実行
・ドル・コール・オプションの売り（カバード・コール）
・ドルを即時に円に換え、ドルを保有しないようにする

　それぞれ長所と短所があるがそれについては後述する。

　さて、ここから本節の目的に入る。輸出型企業はドル・プット・オプションを購入するのであるが、「ドル安になってほしい」のだろうか。いやいや、それは「起きてほしくない事態」なのである。つまり、プット・オプションは宝くじのように「当たってほしい」ために購入するわけではない。輸出型企業にとってオプションは「宝くじ」というより「万一の事故に備

えた損害保険」というほうがふさわしいであろう。

そう、**オプション取引は「当たってうれしい宝くじ」**であると同時に**「万一に備えた損害保険」**としても機能する。オプションを宝くじのつもりで購入する場合を「投機目的」、損害保険のつもりで購入する場合を「ヘッジ目的」という。これらの取引の対応関係をまとめると次表のようになる。

| オプション取引 | 宝くじ<br>（投機目的） | 損害保険<br>（ヘッジ目的） | CDS<br>（ヘッジ目的） |
| --- | --- | --- | --- |
| オプション価格 | 宝くじ代金 | 加入時に支払う保険料 | CDSフィー |
| 権利行使による利益 | 当選賞金 | 事故発生時に受け取る保険金 | デフォルト発生時の元本保証を受ける |

ちなみにこの表の表現はいずれも「オプションを購入する立場」である。「オプションを売却する立場」でいえば、宝くじ協会になるか、損害保険会社になるか、という選択になる。いずれも「権利は」保有せず、義務を売却することになる。

サブプライム問題で有名になったCDS（Credit Default Swap）も損害保険の一種とみなすことができる。債券を保有する投資家が、デフォルト発生による損失を回避する目的でCDSフィー（保険料）を支払って保険に加入する。デフォルトが発生した場合に損失相当額の保険金を受け取る。CDSの売り手は損害保険会社の立場にあり、事故（デフォルト）の発生が想定以下の場合に利益が生じる。サブプライム問題では想定を超えた事故（デフォルト）が発生したため巨額の損失を被った（保険加入者からみれば被害を回避できた）。

## 補足1　宝くじも損害保険もデリバティブではないという指摘

ここまで「オプションは宝くじであり、損害保険でもある」と説明してきたのであるが、正統派理論家からは「たとえ話はよくできているが、宝くじも損害保険もデリバティブではない」という指摘が当然にあるだろう。

まず正統派理論家の指摘を解説しよう。オプションはデリバティブのひとつである。デリバティブは派生資産と翻訳される。「本来あるものから派生」するのが派生である。日経平均オプションの場合、日経平均という金融商品という本源的資産があり、そこから派生するのが日経平均オプションである。どちらが本源的でどちらが派生かは、「片方をなくしてみて、もう一方が存在できるか」という依存関係をイメージしてみればよい。日経平均オプションがなくても日経平均は存在できるが、日経平均がなければ日経平均オプションは存在できない。このことは日経平均オプションが日経平均を本源的資産とする派生資産であることを意味している。

ところで年末ジャンボ宝くじがデリバティブ（派生資産）であるとすると宝くじの本源的資産は何だろうか。損害保険も同様である。本源的資産に該当するものが金融資産でないだけでなく、そもそも資産ですらない。したがって、理論的に判断すると「宝くじも損害保険もデリバティブではない」ということになる。

この指摘に対して筆者は「そのとおり」と同意する。しかしその一方で「では、天候デリバティブの本源的資産は何だろうか」と問いたい。天候デリバティブは「今年の8月の真夏日が何日以上（以下）か」「次の冬の降雪量は何m以上（以下）か」等を対象にしたデリバティブである。季節により営業上強い影響を受ける業種、たとえばアイスクリーム、ビール、スキー場等でリスク・ヘッジ手段、一種の損害保険として利用できる。

天候デリバティブがデリバティブとして認知されて以来、「デリバティブの概念は拡張され、本源的資産が金融商品の範囲を超えた」のだ。したがって「宝くじも損害保険も、古典的理論ではオプションの範疇に属さないが、拡張された現代的オプションの範囲に含めることができる」と筆者は考える。

なお、この理屈っぽい（実務的ではない）ようにみえる議論は、巻末の「補講　オプション価格理論」で重要な争点になる。参照してほしい。

### 補足2　イン・ザ・マネー（ITM）、アウト・オブ・ザ・マネー（OTM）、本質的価値、時間価値

　以下は資格試験にチャレンジされる人向けの解説である。興味のない人は読み飛ばしていただいてかまわない。

#### イン・ザ・マネー（ITM）、アウト・オブ・ザ・マネー（OTM）

　これまで宝くじの用語を用いて日経平均オプションを読み解いてきたが、この作業のメリットは「オプションは難解だ」という先入観を取り除くだけではない。初学者が混迷するイン・ザ・マネー（In The Money、ITM）、アウト・オブ・ザ・マネー（Out of The Money、OTM）、本質的価値（Intrinsic Value）、時間価値（Time Value）等のオプション用語を、宝くじのイメージで理解できる。

　年末ジャンボ宝くじの場合、購入する時点で宝くじが当たっているか、外れているかはわからない。当然である。ところが日経平均オプションの場合、購入時点で当たっているか外れているかがだれにでもわかる。

[2017年4月13日]
日経平均株価（225種）　18,426円84銭
◇日経平均オプション（抜粋）

| | 権利行使価格 | 4月終値 | 5月終値 | 6月終値 | |
|---|---|---|---|---|---|
| コール | 18,250 | 175 | 500 | — | いまのところ当たり（ITM） |
| | 18,375 | 95 | 435 | — | |
| | 18,500 | 36 | 355 | 485 | いまのところ外れ（OTM） |
| | 18,625 | 13 | 295 | 425 | |
| | 18,750 | 2 | 230 | 380 | |
| プット | 18,125 | 12 | 300 | 475 | いまのところ外れ（OTM） |
| | 18,250 | 35 | 350 | 520 | |
| | 18,375 | 60 | 380 | 525 | |
| | 18,500 | 130 | 450 | 635 | いまのところ当たり（ITM） |
| | 18,625 | 225 | 505 | — | |

　たとえば、2017年4月13日時点で日経平均は18,426円84銭であった。コール・オプションは「権利行使価格よりも値上がりしたら当たり」なのだから、権利行使価格が18,250円、18,375円のコール・オプション（4月限月〜6月限月とも）は「いまのところ」当たっている。権利行使価格が18,500円、18,625円、18,750円のコール・オプション（4月限月〜6月限月とも）は「いまのところ」外れている。もとより、期日（当選発表日）まで、そのまま「当たり」「外れ」である保証はない。あくまで「いまのところ」である。

　期日（当選発表日）前の時点（2017年4月13日時点）で**「当たっている」オプションをイン・ザ・マネー（ITM）**、**「外れている」オプションをアウト・オブ・ザ・マネー（OTM）と呼ぶ**。そしてちょうどイン・ザ・マネー（ITM）、とアウト・オブ・ザ・マネー（OTM）の**境界にある状態をアット・ザ・マネー（ATM）と呼ぶ**。権利行使価格と日経平均（原資産価格）が一致する状態だ。現実にアット・ザ・マネー（ATM）になることはないといえ

るが、理論的にも実務的にも重要な点なので名称が与えられている。

（注）日経平均オプションは、期日前に権利行使して利益を得る（賞金をもらう）ことはできない。このように**期日前に権利行使できないオプションをヨーロピアン・タイプという**。これに対し**期日前であっても権利行使できるオプションをアメリカン・タイプと呼ぶ**。ただし、アメリカン・タイプであっても、期日前に権利行使することは原則としてない（理由は「第5章　時間価値を含めたオプション損益線」で解説する）。

もうおわかりだと思うが、イン・ザ・マネー（ITM）、アウト・オブ・ザ・マネー（OTM）のザ・マネー（The Money）とは（その時点で）もらえる賞金のことである。**イン・ザ・マネーとは「（その時点で）当たっているから賞金がもらえる」オプション、アウト・オブ・ザ・マネーとは「（その時点で）外れているから賞金がもらえない」オプションのことである。**

プット・オプションは「権利行使価格よりも値下がりしたら当たり」なのだから、原資産である日経平均が18,426円84銭である状況では権利行使価格が18,625円と18,500円のプット・オプションは当選基準をクリアして当たっているのでイン・ザ・マネー（ITM）である。権利行使価格が18,375円、18,250円、18,125円のプット・オプションは当選基準をクリアしておらず外れているのでアウト・オブ・ザ・マネー（OTM）である。

### 本質的価値、時間価値

オプションの本質的価値（イントリンシック・バリュー、Intrinsic Value）は、その時点でもらえる賞金金額、前述のザ・マネー（The Money）のことである。

## 数値例

[2017年4月13日]

日経平均株価（225種）　18,426円84銭

◇日経平均オプション・大取（円・枚、※は小数点以下切り捨て）

| 権利行使価格 | 4月 | | | | 5月 | | | | 6月 |
|---|---|---|---|---|---|---|---|---|---|
| | 終値 | 前日比 | 売買高 | 建玉 | 終値 | 前日比 | 売買高 | 建玉 | 終値 |
| プット 18,375 | 60 | +12 | 4,434 | 2,285 | 380 | +5 | 416 | 989 | 525 |
| プット **18,500** | **130** | +50 | 4,443 | 9,760 | **450** | +55 | 546 | 8,066 | **635** |
| プット 18,625 | 225 | +85 | 910 | 3,346 | 505 | +45 | 19 | 1,636 | — |

　2017年4月13日時点の6月限月権利行使価格18,500円のプット・オプションの本質的価値は「その時点でもらえる賞金」だから、

　　プットの賞金＝権利行使価格－原資産価格
　　　　　　　＝18,500円－18,426.84円＝73.16円

となる。

　たったこれだけのことであるが、振り返って考えてみよう。この時点でわずか73.16円しか賞金をもらえない宝くじを635円も支払って購入している。賞金73.16円を561.84円も超過して購入することになる。この超過金額561.84円を**時間価値（タイム・バリュー、Time Value）**と呼ぶ。

　筆者としては、

　　時間価値561.84円＝オプション価格635円－本質的価値73.16円

と説明したい。ところが一般的には、

　　オプション価格635円＝本質的価値73.16円＋時間価値561.84円

と表される。

　ここで、皆さんは次の3点を疑問に思わねばならない。

〔Q1〕　時間価値がマイナスに（価格が本質的価値よりも低く）なることはないのか

〔Q2〕　なぜ賞金よりも多い金額を払ってオプションを購入するのか

〔Q3〕 なぜ「時間価値」という名称なのか

　これらの疑問に対する詳細な解答は「第5章　時間価値を含めたオプション損益線」で解説する。ここでは大雑把なイメージをもつために、権利行使価格18,500円の4月、5月、6月限月3つのプット・オプションの本質的価値と時間価値を計算してみよう。

|  | 4月 | 5月 | 6月 |
|---|---|---|---|
| オプション価格 | 130円 | 450円 | 635円 |
| 本質的価値 | 73.16円 | 73.16円 | 73.16円 |
| 時間価値 | 56.84円 | 376.84円 | 561.84円 |

　本質的価値は限月に限らず一定であるが、時間価値は限月が先のものほど大きくなっている。つまり、現時点から期日までの残存期間が長いものほど時間価値が大きい。このように時間価値の「時間」とは期日までの残存期間を意味している。

「アウト・オブ・ザ・マネー（OTM）の状態にあるオプションの本質的価値（イントリンシック・バリュー、Intrinsic Value）は常にゼロである」

　正しい文章である。これはアウト・オブ・ザ・マネー（OTM）あるいは本質的価値（イントリンシック・バリュー、Intrinsic Value）の定義といってもよい。イン・ザ・マネー（ITM）とは「（その時点で）当たっているから賞金がもらえる」オプション、本質的価値（イントリンシック・バリュー、Intrinsic Value）とは「もらえる賞金金額」のことである。

「アウト・オブ・ザ・マネー（OTM）の状態にあるオプションの時間価値（タイム・バリュー、Time Value）はオプション・プレミアムと一致する」

　こちらも正しい文章である。オプション価格（オプション・プレミアム）＝本質的価値＋時間価値であるから、アウト・オブ・ザ・マネー（OTM）ならば本質的価値は常にゼロなのでオプション価格（オプション・プレミアム）＝時間価値が成立する。

# 第 2 章
# オプション・プレミアムの決定要因

---
**本章のテーマ**

第1章ではオプション用語を宝くじ用語や損害保険用語で読み解いた。本章ではオプション・プレミアムの決定要因というテーマに即して、「オプション取引をグラフにする」ことにチャレンジする。ただし、そのグラフはこの種の解説で一般的な「4通りの45度に折れ曲がった線」ではなく、慣れ親しんだチャートである。チャートにオプション取引を反映させることができれば、オプション・プレミアムの決定要因というテーマなど「無理やり記憶するほどのことはない、当たり前のこと」だと気づくはずだ。

---

## (1) オプション・プレミアムの決定要因とは何か

まず、オプション・プレミアムとはオプション価格のことである。このことすら初学者を混乱させる要因だと思う(かつて筆者も混乱した)。

次に「オプション・プレミアムの決定要因」とは何のことだろうか。前章では日経平均オプションと宝くじは同類であることを強調したが、異なる点も多々ある。その1つが、宝くじはいつでも300円で購入できるのに対し、日経平均オプションは時々刻々と価格が変動することである。だからこそ日本経済新聞のマーケット面に「前日のオプション価格」が掲載されるのである。

では、オプションの価格はどんな場合に値上がりあるいは値下がりするのだろうか。**オプション価格は理論的には「原資産価格、権利行使価格、ボラティリティ、残存期間、金利」の5つの要因で決定される。**

ボラティリティ(Voratility)は初出であるが、心配無用。ボラティリティ

はチャートで説明すればあっけないほどである。ボラティリティを数値化したものがHV（ヒストリカル・ボラティリティ、Historical Voratility）で、日経平均オプション欄の最下部右隅に、「日経平均HV」として表示されている。

[2017年8月2日]
日本経済新聞「市場体温計」

| 権利行使価格 | 8月 | | | | 9月 | | | | 10月 |
|---|---|---|---|---|---|---|---|---|---|
| | 終値 | 前日比 | 売買高 | 建玉 | 終値 | 前日比 | 売買高 | 建玉 | 終値 |
| … | … | … | … | … | … | … | … | … | … |
| 20,375 | 360 | — | 11 | 63 | 395 | — | 25 | 27 | — |

総売買高コール　46,306枚　　プット　72,236枚　　日経平均HV　6.7
当日総建玉コール　917,582枚　プット　1,238,860枚

　下図は、Yahoo！ファイナンスからとった日経平均オプションの原資産である日経平均の「ボラティリティが小さかった期間」の値動きである。ほぼ平坦で、値上がりも値下がりもしなかった。2017年8月2日までの1カ月間から算出されるHVは6.7％と低位であった。

[ボラティリティの小さかった期間　HV＝6.7％]

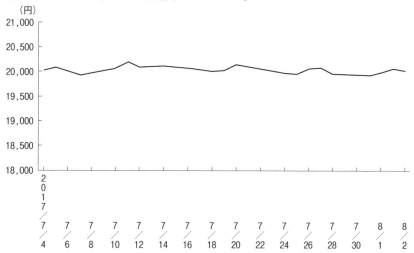

一方、2017年5月12日（金）までの過去1カ月は「ボラティリティが大きかった期間」である。下図のように、この間、日経平均は下落も上昇もあり、値動きが激しかったことがうかがえる。HVは13.1％とボラティリティの小さかった期間に比べ倍近い。

[ボラティリティの大きかった期間　HV＝13.1％]

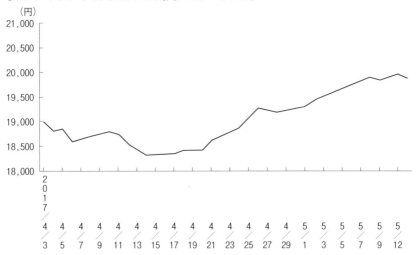

つまり、ボラティリティは原資産（日経平均）の値動きの激しさを意味するのである。

拙著『現代ポートフォリオ理論講義』を読んだ人ならば「ボラティリティって、ポートフォリオ理論のリスクと似ていないか」と気づかれたのではないだろうか。ボラティリティは現代ポートフォリオ理論（Modern Portfolio Theory、MPT）で使われるリスクと同じもの（現象）を意味する。同じもの（現象）になぜ異なる名称を付されているのか。それはMPTではリスク回避型の投資家を前提にしているからである。投資家が嫌う要因なので否定的な意味のリスク（危険）という名称を採用したのだ。**一方オプションを購入する投資家にとって値動きの激しさは歓迎すべきものである。そこでリスクではなく肯定的な名称であるボラティリティが使われているのである**（どうしてオプションでは肯定的なのかは後述する）。

(注1) ただし、オプション価格の決定要因は過去の実績HVではなく、将来の予想値である。将来の予想ボラティリティは日経平均VI（Voratility Index）として、それ単独で先物取引の対象にもなっている。

(注2) 日経平均VI（Voratility Index）は昔はオプション価格からブラック＝ショールズ・モデル（巻末補講参照）という金融理論に基づき逆算されていたが、現在はブラック＝ショールズ・モデルを利用せずに算定されている。

5つの要因に応じて、コールとプットの価格が上がるのか下がるのかをまとめたのが下表である。資格試験ではよく正誤問題として出題されるので「記憶しておくように」と指導（？）されることが多い。

[オプション・プレミアム（価格）の決定要因]

|  |  | コール価格 | プット価格 |
|---|---|---|---|
| 原資産価格 | 上昇 | 上昇 | 下落 |
|  | 下落 | 下落 | 上昇 |
| 権利行使価格 | 上昇 | 下落 | 上昇 |
|  | 下落 | 上昇 | 下落 |
| ボラティリティ | 上昇 | 上昇 | 上昇 |
|  | 下落 | 下落 | 下落 |
| 残存期間 | 長い | 上昇 | 上昇 |
|  | 短い | 下落 | 下落 |
| 金利 | 上昇 | 上昇 | 下落 |
|  | 下落 | 下落 | 上昇 |

しかし、こんな表は記憶できるようなものではないし必要もない。各要因とオプション・プレミアムの関係をグラフに描ければ判断できる。

ただし、本章でグラフを使って解説するのは5つの要因すべてではなく、金利を除く4つの要因だけである。金利だけは直感的にグラフ化するアイデアがいまだ思いつかない。筆者に残された課題である。金利の影響は巻末の「補講　オプション価格理論」を参照してほしい。

## (2) オプションをグラフに描く

各要因とオプション・プレミアムの因果関係をグラフ化して理解するにあたり、1つだけルールを設定する。それは「当たりやすい宝くじ、賞金の多い宝くじの価格は高い」というものだ。このルールに納得がいかなければ逆の表現、「めったに当たらない、当たっても賞金の少ない宝くじの価格は安い」のほうが納得しやすいかもしれない。

〔基本ルール〕
**「当たりやすい宝くじ、賞金の多い宝くじの価格は高い」**
　　または
**「めったに当たらない、当たっても賞金の少ない宝くじの価格は安い」**

あとは各要因と「当たりやすさ」「賞金の多さ」をグラフに描ければよい。オプションでグラフというと下記の折れ曲がった損益線が一般的なのだが、ここでは使用しない。このグラフはオプションの合成を表現するには有用なのだが、いかんせんわかりにくい。

[一般的なオプションのグラフ（わかりにくい！）]

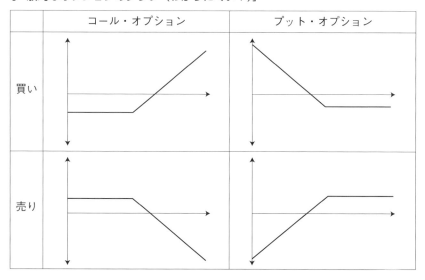

そこで姉妹書である『現代ポートフォリオ理論講義』の方針を踏襲して、縦軸に株価、横軸に時間のグラフ、すなわちチャートだけでオプション・プレミアムの決定要因を解説する。なお、前頁の一般的なグラフとの対応関係や前頁のグラフの読み取り方は「第3章(1)一般的なオプションのグラフ」において解説する。

第1章と同様に2017年6月限月権利行使価格18,500円のコール・オプションを例にとる。まず日経平均の値動きを書き込もう。これが原資産だ。次に期日と権利行使価格を書き込む。2017年4月13日現在、日経平均は18,426円84銭であったが、当該コール・オプションが当たりになるためには原資産である日経平均が期日2017年6月9日に権利行使価格18,500円を上回らねばならない。

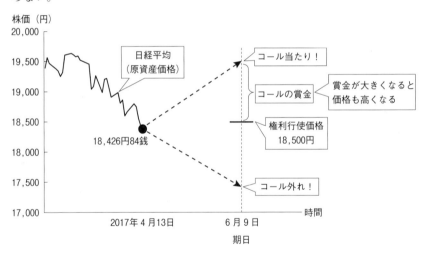

そして権利行使価格を上回った分だけ賞金となる。あたかも陸上競技の棒高跳びのようなものだ。競技者は日経平均、ハードルが権利行使価格である。いうまでもなく競技者がハードルを下回ったら失敗、宝くじは外れとなる。

同様に18頁の表をもとに、6月限月権利行使価格18,500円のプット・オプションをグラフにしよう。当該プット・オプションが当たりになるためには

原資産である日経平均が期日2017年6月9日に権利行使価格18,500円を下回らねばならない。権利行使価格を下回った分だけ賞金となる。あたかもハードルの下をくぐり抜けたら成功のリンボーダンスのようなものだ。日経平均がハードルを上回ったら失敗、プットは外れとなる。

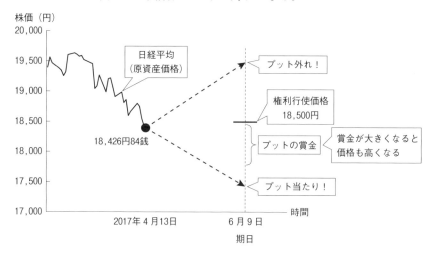

### (3) 原資産価格の影響

　原資産＝日経平均がコールの賞金にどう影響するかみてみよう。日経平均が上昇すればするだけコールの賞金が多くなるのがわかるだろう。

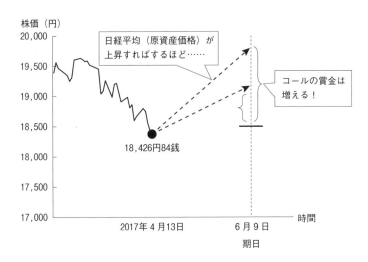

　ここで冒頭のルール、

**「当たりやすい宝くじ、賞金の多い宝くじの価格は高い」**

を適用すると「日経平均が上昇するとコールの賞金が多くなる」のだから「日経平均が上昇するとコールの価格は上昇する」ことがわかる。

　次に、「原資産価格」がプットに与える影響であるが、日経平均が下落すればするほどプットの賞金は多くなる。よって「日経平均が下落するとプットの価格は上昇する」ことになる。

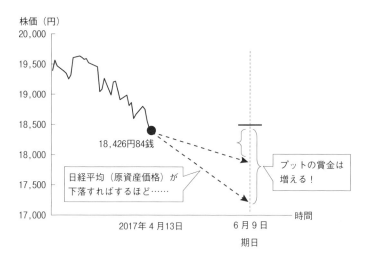

（注）　日経平均が上昇すれば必ず「コールの価格が上昇」し、「プットの価格が下落」するわけではない。実際には、他の要因（ボラティリティや残存期間）の変動との合成によって価格の変動方向が決まる。

## (4) 権利行使価格の影響

　コール・オプションにとって「権利行使価格が高い」のは、陸上競技の棒高跳びでハードルが高いことと同じである。コールは値上がりしたら当たり、棒高跳びはハードルの上を跳び越えたら成功。そしてハードルが上がるたびに難度は高まる。

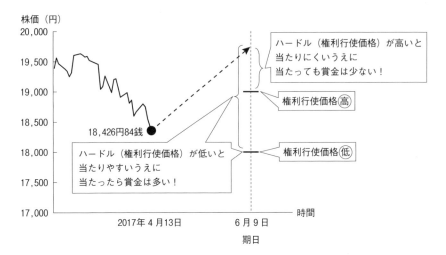

　ただし、ハードルを上回ることができても、低いハードルの賞金は多く、高いハードルの賞金は少ない（ここは棒高跳びとイメージが食い違う）。

　どの時点の日経平均オプションの市場データでも、必ず「権利行使価格の高いコール・オプションほど安くなっている」という傾向が存在する。

(注)　購入後は権利行使価格が変動することはなく一定。「権利行使価格が高いほど」というのは、オプションを購入する時点でどの権利行使価格のオプションを選択するかという意味である。

[2017年4月13日]

| 権利行使価格 | | 4月限月 終値 | 5月限月 終値 | 6月限月 終値 |
|---|---|---|---|---|
| コール | 18,125 | 250 | 600 | — |
| | 18,250 | 175 | 500 | — |
| | 18,375 | 95 | 435 | — |
| | 18,500 | 36 | 355 | 485 |
| | 18,625 | 13 | 295 | 425 |
| | 18,750 | 2 | 230 | 380 |
| | 18,875 | 1 | 185 | 315 |
| | 19,000 | 1 | 145 | 280 |
| | 19,125 | 1 | 105 | 225 |

↓ 権利行使価格（ハードル）

↓ どの限月もコール価格が低い

　ではなぜわざわざ「当たりにくいうえに賞金の少ない」権利行使価格（ハードル）が高いコール・オプションを購入する投資家がいるのか。以下の数値例で説明しよう。

| 権利行使価格 | | 5月限月 終値 |
|---|---|---|
| コール | 18,500 | 355 |
| | ⋮ | ⋮ |
| | 19,000 | 145 |

　権利行使価格18,500円のコールと権利行使価格19,000円のコールを比べると「権利行使価格が低い18,500円のコールのほうが当たりやすく、当たった場合の賞金も多い」ので価格が高くなっている。
　投資家Aは権利行使価格18,500円のコールを1枚355円で購入した。

第2章　オプション・プレミアムの決定要因

投資家Bは権利行使価格19,000円のコールを1枚145円で購入した。

5月限月の期日（5月12日）に日経平均が19,500円だったとする。

投資家Aは賞金1,000円を獲得した。

投資家Bは賞金500円を獲得した。

たしかに「権利行使価格が低い18,500円のコール」を選択した投資家のAのほうが賞金が多い。しかし、投資利回りで比較してみよう。

投資家Aは355円投資して賞金1,000円獲得したから利回りは、

　　（1,000円－355円）÷355円≒182％

投資家Bは145円投資して賞金500円獲得したから利回りは、

　　（500円－145円）÷145円≒245％

投資利回りで比較すると投資家Bのほうが有利であることがわかる。今度は逆に「投資利回りの低い権利行使価格18,500円のコールを買うのか」という疑問が生じるだろう。

5月限月の期日（5月12日）に日経平均が19,100円だったとする。

投資家Aは355円投資して賞金600円獲得したので利益＋245円。

投資家Bは145円投資して賞金100円獲得したので損失▲45円。

つまり、権利行使価格18,500円のコールは「ローリスク・ローリターン」、権利行使価格19,000円のコールは「ハイリスク・ハイリターン」となる。どちらを選ぶかは投資家の好みと予想次第だ。

プット・オプションの場合、ハードルの下をくぐり抜けたら成功のリンボーダンスようなものだ。ハードルが高いほどハードルの下をくぐることは容易になる。それにもかかわらず、高いハードルをクリアしたほうが賞金は大きい（ここはリンボーダンスのルールとイメージが食い違う）。

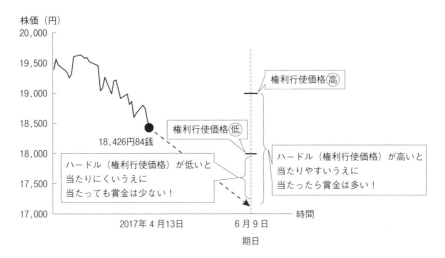

　どの時点の日経平均オプションの市場データでも、**必ず「権利行使価格の高いプット・オプションほど高い」**という傾向が存在する。

[2017年4月13日]

| 権利行使価格 | | 4月終値 | 5月終値 | 6月終値 |
|---|---|---|---|---|
| プット | 17,625 | 1 | 190 | 325 |
| | 17,750 | 2 | 210 | 345 |
| | 17,825 | 2 | 240 | 390 |
| | 18,000 | 4 | 270 | 410 |
| | 18,125 | 12 | 300 | 475 |
| | 18,250 | 35 | 350 | 520 |
| | 18,375 | 60 | 380 | 525 |
| | 18,500 | 130 | 450 | 635 |
| | 18,625 | 225 | 505 | ― |

権利行使価格（ハードル）

どの限月もプット価格が高い

第2章　オプション・プレミアムの決定要因　49

## (5) ボラティリティの影響

　本章の冒頭に「ボラティリティが低い」ケースと、「ボラティリティが高い」ケースを示したのでイメージはできたと思う。実はチャートを用いた説明が最も効果を発揮するのが「ボラティリティがオプション価格に与える影響」である。

　下図は「ボラティリティが低い」パターンである。いわゆる「値動きが小さい」状況である。過去の実績も、今後予想される値動きも小さい。

[ボラティリティが低いパターン]

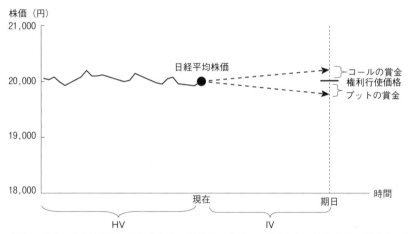

(注)　グラフ中のHVはヒストリカル・ボラティリティ。IVはインプライド・ボラティリティ。詳細は「補講　オプション価格理論」の238頁以降を参照のこと。

　一方、右上図は「ボラティリティが高い」状況である。過去の実績も、今後予想される値動きも大きい。「ボラティリティが高い」状況がコール、プットとも賞金が大きくなることが明らかであろう。

[ボラティリティが高いパターン]

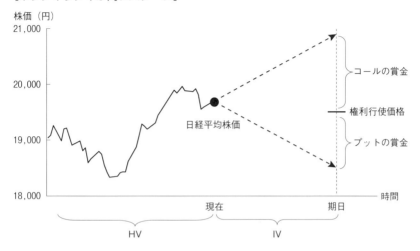

　もちろん確実に賞金が大きくなる保証はないが、そうなる確率・可能性が高い。後述するがボラティリティが高めるのは本質的価値ではなく時間価値の部分である。

## 市場データでの検証

　本質的価値は原資産価格と権利行使価格だけで決定されボラティリティの影響は受けないので、ボラティリティ（日経平均VI）が大きい時期と小さい時期の時間価値を比較したものである。また、残存期間をそろえないと比較できないので、両者とも残存期間がほぼ1カ月の限月分を比較した。あと、時間価値は理論的にはATM（At The Money、日経平均＝権利行使価格）付近で最大になるはずなので、本質的価値が0になる境目あたりを中心に比較しなければならない。

第2章　オプション・プレミアムの決定要因　51

(単位：円)

| | 権利行使価格 | 5月終値 | 本質的価値 | 時間価値 | 権利行使価格 | 9月終値 | 本質的価値 | 時間価値 |
|---|---|---|---|---|---|---|---|---|
| | ボラティリティが大きい時期 2017年4月14日 日経平均 18,335.63円 日経平均VI 23.03%（HV 14.2%） | | | | ボラティリティが小さい時期 2017年8月10日 日経平均 19,729.74円 日経平均VI 16.26%（HV 7.4%） | | | |
| コール | 18,125 | 540 | 210.63 | 329.37 | 19,500 | 435 | 229.74 | 205.26 |
| コール | 18,250 | 445 | 85.63 | 359.37 | 19,625 | 315 | 104.74 | 210.26 |
| コール | 18,375 | 380 | 0.00 | 380.00 | 19,750 | 245 | 0.00 | 245.00 |
| コール | 18,500 | 310 | 0.00 | 310.00 | 19,875 | 185 | 0.00 | 185.00 |
| プット | 18,125 | 330 | 0.00 | 330.00 | 19,500 | 205 | 0.00 | 205.00 |
| プット | 18,250 | 380 | 0.00 | 380.00 | 19,625 | 235 | 0.00 | 235.00 |
| プット | 18,375 | 435 | 39.37 | 395.63 | 19,750 | 280 | 20.26 | 259.74 |
| プット | 18,500 | 485 | 164.37 | 320.63 | 19,875 | 350 | 145.26 | 204.74 |
| プット | 18,625 | 525 | 289.37 | 235.63 | 20,000 | 400 | 270.26 | 129.74 |

　時間価値の部分を比較すると**コール、プットともすべての権利行使価格で、「ボラティリティが大きい時期」の時間価値が、「ボラティリティが小さい時期」の時間価値を上回っていることがわかる。**

## (6) 残存期間の影響

　残存期間とは期日までの日数のことである。

　2017年4月13日現在で、4月限月（4/14）までの残存日数は1日、5月限月（5/12）までの残存日数は29日、6月限月（6/9）までの残存日数は57日である。

　市場データをみてみると、コール、プットとも、どの権利行使価格をみても4月限月よりも5月限月、6月限月のほうがオプション価格が高い。

[2017年4月13日]

日経平均（原資産価格）　18,426.84円

| 権利行使価格 | | 4月限月（4/14）残存1日 | 5月限月（5/12）残存29日 | 6月限月（6/9）残存57日 |
|---|---|---|---|---|
| コール | 18,375 | 95 | 435 | ― |
| | 18,500 | 36 | 355 | 485 |
| | 18,625 | 13 | 295 | 425 |
| | 18,750 | 2 | 230 | 380 |
| | 18,875 | 1 | 185 | 315 |
| プット | 17,825 | 2 | 240 | 390 |
| | 18,000 | 4 | 270 | 410 |
| | 18,125 | 12 | 300 | 475 |
| | 18,250 | 35 | 350 | 520 |
| | 18,375 | 60 | 380 | 525 |

→ どの権利行使価格も6月限月の価格が高い

　これこそ期日までの時間がもたらす価値そのものである。4月限月のオプションの場合、残り1日しかない。今日18,426.84円だった日経平均が1日で20,000円を超えたり16,000円を下回ったりすることはありえない。期日までの日経平均の変動幅が小さいのは直感的に理解できるだろう。

　6月限月の場合、残存日数が57日あるので、「日経平均が20,000円を超えたり16,000円を下回ったりする」可能性が皆無とはいえなくなる。期日までの日経平均の変動幅が大きくなる可能性が感じられるだろう。

　これをグラフで解釈しよう。各期日における変動幅を比べると4月限月が小さく、6月限月が大きい。いわば残存期間が短いとボラティリティが小さいのと同じ効果、残存期間が長いとボラティリティが大きいのと同じ効果があるといえる。

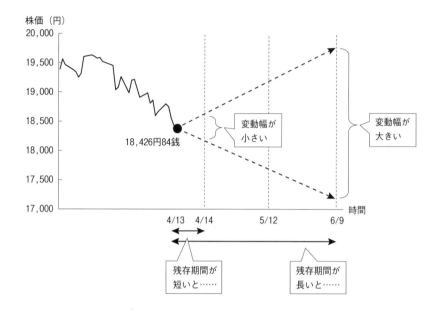

54　第1部　オプション

> **参 考** プット・オプション価格と残存期間の特殊な関係

残存期間が長いとコール、プットともオプション価格が高くなると説明したが、プット・オプションの場合、単純にプット価格が高くなるとは断定できない。

　　コールの権利行使による利益
　　＝将来の株価による受取り－権利行使価格による払込み
　　　（ボラティリティ次第）　　（将来時点で確定）

コールの場合、権利行使価格は将来の払込み（コスト）として確定している。したがって、現在、支払いのために用意すべき金額は残存期間が長いほど、また、金利が大きいほど小さくてすむ。したがって、残存期間が長いほど「権利行使価格による払込み」のために用意すべき現金は少なくてすみ、かつ、ボラティリティの増大の面から「将来の株価による受取り」の増大を意味するので、どちらも「コール・オプションの権利行使による利益（コール価格）」を増大させる意味をもつ。

　　プットの権利行使による利益
　　＝権利行使価格による受取り－将来の株価による支払い
　　　（将来時点で確定）　　　　（ボラティリティ次第）

プットの場合、権利行使価格は将来の受取り（リターン）として確定している。したがって、リターンの現在価値は残存期間が長いほど、また、金利が大きいほど小さくなってしまう。これはプット価格にとってマイナスの効果を意味する（だから金利が上昇するとプット価格は下落する）。しかしその一方で、残存期間の長さは、ボラティリティの増大の面から「将来の株価による受取り」の増大をもたらす。プットの価格が上昇するかどうかはこの両者の大小関係次第なので一概に特定できない。この点については「第4章(4)プット・コール・パリティ」でもう一度説明する。

# 第 3 章

# オプションの合成

---
**本章のテーマ**
---

複数のオプション取引を同時に行った場合（これを「合成ポジション」という）、どういう状況で損益が発生するのか。本章ではオプション取引の有用性のひとつである多様な損益機会の創出について解説する。

---

（注）　資格試験対策としては「合成損益線を描け」という課題への対策となる。

## (1) 一般的なオプションのグラフ

第2章では「一般的なオプションのグラフ（折れ曲がった4通りのグラフ）」は初学者にはわかりにくいので避けて、よりなじみ深いチャートを使ってオプション・プレミアムの決定要因について説明した。しかし、どんな道具（理論やグラフ）にも使い道はある。特に合成ポジションを明示するには「一般的なオプションのグラフ」が有効である。そこで本節では、これまで利用してきたチャートと関係づけることで「一般的なオプションのグラフ」を読み解くとともに、合成ポジションの意義・グラフの書き方を解説したい。

まず、権利行使価格18,500円のコールの期日の利益（賞金）を説明してきたチャートを再掲する。

期日の日経平均が19,500円ならコールは当たりで賞金1,000円がもらえる。一方、もし期日の日経平均が18,500円以下なら外れで賞金はゼロである。

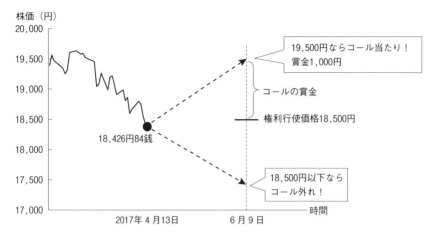

　一般的なグラフでは、横軸に期日の日経平均、縦軸に賞金をとって以下のように表す。

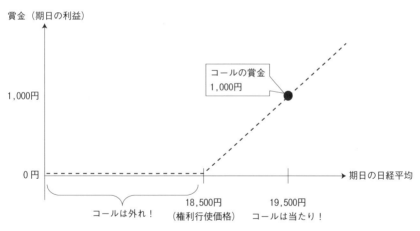

　コールは「権利行使価格よりも値上がりしたら当たり」なので、「一般的なグラフ」では権利行使価格よりも右の領域が「当たり」で、賞金が発生する。賞金は権利行使価格を上回った（右にずれた）分だけ発生するので45度の斜めの線となる。「権利行使価格よりも値下がりしたら外れ」なので横軸権利行使価格よりも左の領域では賞金はゼロである。よって権利行使価格を境界に水平と右上がりの合成となり、上図の右上がり破線がコールの期日の

賞金である。

　ここで思い出していただきたいのは「当たっても外れても最初に支払った宝くじ代金は返金されない」ことだ。購入時に支払ったコール・オプション価格を485円とすると、期日の日経平均が19,500円で賞金1,000円を受け取ったオプション購入者のトータルの損益は515円の利益になる。

　もし、期日の日経平均が権利行使価格以下になってコールが外れになると、コール購入代金485円が損失額となる。

　　オプション購入者の損益＝期日に受け取る賞金－最初に支払った代金

　オプション購入時の支払分を含めたトータルの損益をグラフにすると下図のようになる。

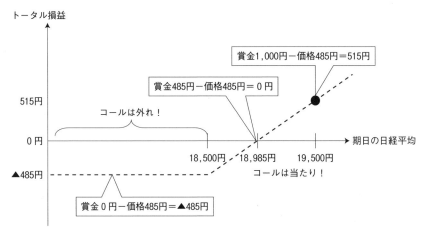

　これで「一般的なオプションのグラフ（コールの買い）」が完成する。前述の「コール購入者の期日の日経平均予想」は損益線の損益分岐点として表される。当初に支払った価格485円と同額の賞金が発生する期日の日経平均18,985円（賞金485円－価格485円＝0円）である。

[コールの買い]

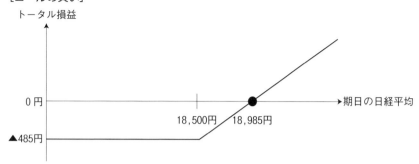

これに対して「コールの売り」はコール購入者の取引相手だから、「コールの買い」の損益線の上下反対（損益が反対）になる。下図の実線が「コールの売り」の損益線である。参考のため「コールの買い」の損益線を点線で示している。両者の合計は常にゼロになる。デリバティブ取引の基本性質、「市場全体ではゼロサム」が取引単位で成立している。

[コールの売り]

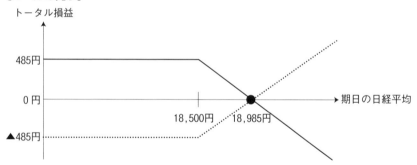

次に、権利行使価格18,500円のプットの期日の利益（賞金）を説明してきたチャートを再掲する。

期日の日経平均が18,500円以上ならプットは外れで賞金はゼロである。もし期日の日経平均が17,500円なら当たりで賞金は1,000円である。

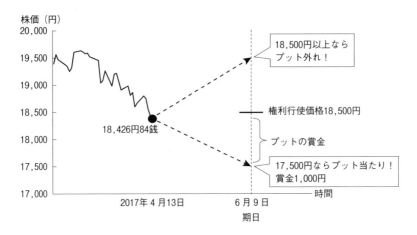

プットを一般的なオプションのグラフで表すと下図のようになる。

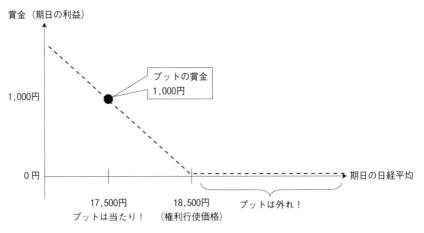

プットは「権利行使価格よりも値下がりしたら当たり」なので、「一般的なグラフ」では権利行使価格よりも左の領域が「当たり」で、賞金が発生する。賞金は権利行使価格を下回った（左にずれた）分だけ発生するので45度右下がりの斜めの線となる。「権利行使価格より値上がりしたら外れ」なので横軸の権利行使価格よりも右の領域では賞金はゼロである。よって権利行使価格を境界に左上がりと水平の合成となり、上図の右下がり破線がプットの期日の賞金である。

コールと同様、購入時に支払ったプット・オプション価格635円を含めた損益線を描くと下図のようになる。

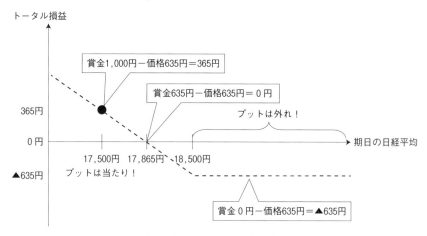

　これで「プットの買い」が完成する。損益分岐点は当初に支払う価格635円と同額の賞金が発生する期日の日経平均17,865円（賞金635円－価格635円＝0円）である。

[プットの買い]

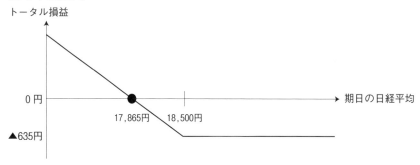

　「プットの売り」はプット購入者の取引相手だから、「プットの買い」の損益線の上下反対（損益が反対）になる。次頁の図の実線が「プットの売り」の損益線である。参考のため「プットの買い」の損益線を点線で示している。両者の合計は常にゼロになる。デリバティブ取引の基本性質、「市場全体ではゼロサム」が取引単位で成立している。

第3章　オプションの合成　61

[プットの売りの損益線]

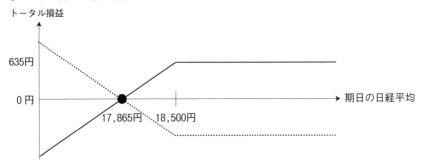

## (2) ストラドルの買い（ロング）、売り（ショート）

ここまで「コールは値上がりしたら当たりの宝くじ」「プットは値下がりしたら当たりの宝くじ」と説明してきた。だから、

「値上がりを予想（期待）」→「コールを買う」

「値下がりを予想（期待）」→「プットを買う」

では、日経平均が「値上がりも値下がりもしない」と予想（期待）する場合、オプションを使って利益を得ることはできないだろうか。

[値動きがほとんどない状況が続くと予想したら]

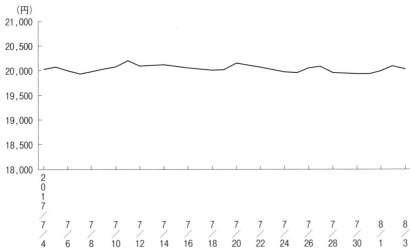

「値上がりも値下がりもしない」場合、あなたが「コールを買っても儲からない（損をする）」「プットを買っても儲からない（損をする）」のだが、これをあなたの取引相手の立場からみると「コールを売ると儲かる」「プットを売ると儲かる」ことを意味する。常にあなたと取引相手の両者の損益を合計するとゼロになる。

| あなた | あなたの取引相手 | 両者の合計 |
| --- | --- | --- |
| コールを買っても儲からない（損をする） | コールを売ると儲かる | 損益±0 |
| プットを買っても儲からない（損をする） | プットを売ると儲かる | 損益±0 |

だったら、あなたが「あなたの取引相手」と同じ取引をすればよい。すなわち「コールを売れば儲かる」し、「プットを売れば儲かる」。しかも「値上がりも値下がりもしない」場合、「コールを売ってもプットを売っても儲かる」のだから、いっそのこと両方売ってしまおう！

(注) 第2章でボラティリティが低下する（値動きが小さいと予測する）と「コール価格もプット価格も低下する」と解説したが、買い手の立場（賞金狙い）からだけではなく、このような「両方を売りたい」という取引圧力が生じることからも説明できる。「今後も価格は変動しないだろう、だからコールとプットの両方を売りたい」という投資家が多くなると、「コールとプットの両方の価格が低下する」のは当然だ。

このように「**同時に2つ以上のオプション取引を行う**」ことを「**合成ポジションをもつ**」と呼ぶ。するといくらでも「**こんな場合に儲かる**」というポジションをつくることが可能だ。それを表現するために合成損益線を描く。

**数値例**

[2017年4月13日]

|  | 権利行使価格 | 6月限月 |
|---|---|---|
| コール | 18,500 | 485 |
| プット | 18,500 | 635 |

　あなたは4月13日に6月限月権利行使価格18,500円のコールとプットの両方を売る。

　コール価格485円とプット価格635円の合計1,120円があなたの収入になる。

　あとは期日（6月9日）に「支払う賞金」が1,120円未満であれば儲かるし、1,120円以上であれば損することになる。

　では、期日（6月9日）の日経平均がどのような場合に「支払う賞金」が1,120円以上になるだろうか。「コールとプットの両方を売った」のであるが、両方同時に賞金が発生することはない（コールが当たればプットは外れ、プットが当たればコールは外れだから）。だから「権利行使価格18,500円のコール」の賞金が1,120円以上になるケースと、「権利行使価格18,500円のプット」の賞金が1,120円以上になるケースを考えればよい。

「権利行使価格18,500円のコール」の賞金が1,120円以上になるケース
　＝期日（6月9日）の日経平均が権利行使価格18,500円を1,120円以上上回る
　＝期日（6月9日）の日経平均が19,620円以上になる

「権利行使価格18,500円のプット」の賞金が1,120円以上になるケース
　＝期日（6月9日）の日経平均が権利行使価格18,500円を1,120円以上下回る
　＝期日（6月9日）の日経平均が17,380円以下になる

　よって、「期日（6月9日）の日経平均が19,620円以上か17,380円以下」ならば損をすることになる。

逆に言えば「期日（6月9日）の日経平均が17,380円以上19,620円以下」ならば儲かる。

このようすを損益線に描こう。

その際、前述の「コールの売り」のグラフと「プットの売り」のグラフを描いて、両者を足し上げるグラフを描くことは勧められない。ゴチャゴチャしてわかりにくくなる。

いきなりグラフにするのではなく、まず表をつくろう。

オプション取引1件ずつのオプション価格の支払い・受取り、期日の賞金の支払い・受取りを表に記載する。その際、期日の日経平均に関して左端は「日経平均が0円」とし、次にオプションの権利行使価格、最後に右端として権利行使価格よりも大きい金額（任意）を設定する。

(単位：円)

| 期日の日経平均 | | 0 | 18,500 | 20,000 |
|---|---|---|---|---|
| 行使価格18,500円のコールを売った | コール代金の受取り | +485 | +485 | +485 |
| | コール賞金の支払い | 0 | 0 | ▲1,500 |
| 行使価格18,500円のプットを売った | プット代金の受取り | +635 | +635 | +635 |
| | プット賞金の支払い | ▲18,500 | 0 | 0 |
| 合　計 | | ▲17,380 | +1,120 | ▲380 |

表の合計欄から、

日経平均が0円の時、▲17,380円、

日経平均が18,500円の時、+1,120円、

日経平均が20,000円の時、▲380円

と3つの点が決まる。これを直線で結べば合成損益線が描ける。

[ストラドルの売り（ショート・ストラドル）]

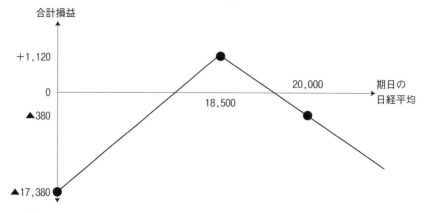

「期日の日経平均が17,380円以上19,620円以下」ならば利益というのは上図の合計損益がプラスになる領域である。

　グラフからどうやって「17,380円以上、19,620円以下」を求めればよいか。それはグラフの直線の傾きが45度であることを利用すればよい。つまり「日経平均が1円上昇すれば損益が1円増えるか1円減る」のである。権利行使価格が18,500円の時、合計損益が＋1,120円だ。だから日経平均が18,500円から＋1,120円増えたら合計損益が1,120円減る（減ることはグラフからわかる）。よって合計損益がゼロになるのは日経平均が19,620円の時だ。同様に日経平均が18,500円から1,120円減ったら合計損益が1,120円減る（減ることはグラフからわかる）。よって合計損益がゼロになるのは日経平均が17,380円の時だとわかる。

　**この合成ポジションには名称があり「ストラドルの売り」あるいは「ショート・ストラドル」と呼ばれている。ショートは「短い」ではなく「売り」を意味する。**

　売りがあれば買いもある。「ストラドルの買い（ロング・ストラドル）」は「ストラドルの売り」の反対、すなわち「同じ権利行使価格のコールとプットを同時に買う」ポジションである。日経平均が「上昇するか、下落するかわからないが、とにかくいまのままではない」という予測をした場合のポジ

ションで、コールかプットかどちらか当たるだろう、という意図である。

[ストラドルの買い（ロング・ストラドル）]　　　　　　（単位：円）

| 期日の日経平均 | | 0 | 18,500 | 20,000 |
|---|---|---|---|---|
| 行使価格18,500円のコールを買った | コール代金の支払い | ▲485 | ▲485 | ▲485 |
| | コール賞金の受取り | 0 | 0 | +1,500 |
| 行使価格18,500円のプットを買った | プット代金の支払い | ▲635 | ▲635 | ▲635 |
| | プット賞金の受取り | +18,500 | 0 | 0 |
| | 合　計 | +17,380 | ▲1,120 | +380 |

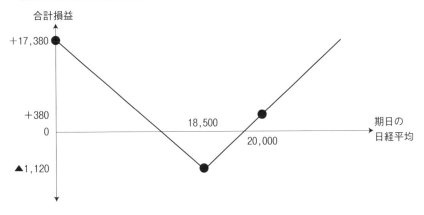

## (3) バタフライの買い（ロング）、売り（ショート）

「値上がりも値下がりもしない」と予測したのだけれど、ストラドルの売りの合成損益線をみると予測が外れ急騰したり急落した場合の損失に歯止めがないのがこわい。

［ストラドルの売り（ショート・ストラドル）］

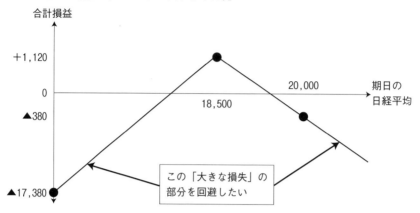

「値上がりも値下がりもしない」と予測しつつ、予測が外れた場合の損失に歯止めをかけたい。何とも虫のいい願いだが、この願いを叶えてくれる合成ポジションがある。

数値例

［2017年4月13日］

| | 権利行使価格 | 6月限月 |
|---|---|---|
| コール | 18,500 | 485 |
| | 19,000 | 280 |
| プット | 17,750 | 345 |
| | 18,500 | 635 |

(単位：円)

| 期日の日経平均 | | 0 | 17,750 | 18,500 | 19,000 | 20,000 |
|---|---|---|---|---|---|---|
| 行使価格18,500円の コールを売った | コール代金の受取り | +485 | +485 | +485 | +485 | +485 |
| | コール賞金の支払い | 0 | 0 | 0 | ▲500 | ▲1,500 |
| 行使価格19,000円の コールを買った | コール代金の支払い | ▲280 | ▲280 | ▲280 | ▲280 | ▲280 |
| | コール賞金の受取り | 0 | 0 | 0 | 0 | +1,000 |
| 行使価格18,500円の プットを売った | プット代金の受取り | +635 | +635 | +635 | +635 | +635 |
| | プット賞金の支払い | ▲18,500 | ▲750 | 0 | 0 | 0 |
| 行使価格17,750円の プットを買った | プット代金の支払い | ▲345 | ▲345 | ▲345 | ▲345 | ▲345 |
| | プット賞金の受取り | +17,750 | 0 | 0 | 0 | 0 |
| | 合　計 | ▲255 | ▲255 | +495 | ▲5 | ▲5 |

合成損益線をグラフにすると下図のようなる。

[ロング・バタフライ]

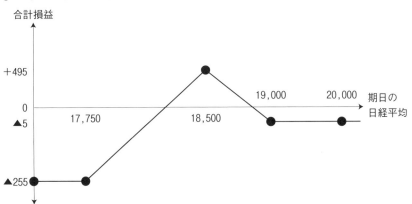

　この合成ポジションにも名称があり、「ロング・バタフライ」と呼ばれる。文字どおり蝶が羽を広げるようすに似ているからだ（ちなみに他書では左右対称のケースを示すことが多いが、左右対称である必要はない。筆者には上下が逆にみえる。また、このポジションがショート・ストラドルの延長なので、ショート・バタフライと呼ぶものと勘違いしていたが、ロング・バタフライである）。

たしかに損失に歯止めがかかった。日経平均がどれだけ上昇しても損失は▲5まで。日経平均がどれだけ下落しても損失は▲255まで。

しかし、同時にデメリットもある。最大利益が減少し、それに伴い利益が生じる日経平均の範囲も縮小してしまう。

|  | ストラドルの売り | ロング・バタフライ |
| --- | --- | --- |
| 最大利益 | +1,120 | +495 |
| 利益が生じる日経平均の範囲 | 17,380円以上 19,620円以下 | 18,005円以上 18,995円以下 |

ストラドルの売り（ショート・ストラドル）とロング・バタフライの損益線を同時に表示すると各々の長所・短所がはっきりする。

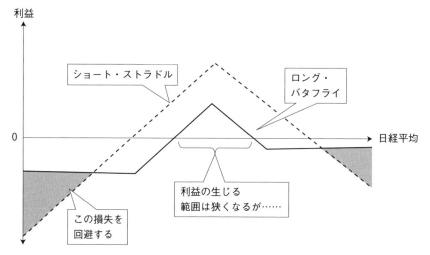

ロング・バタフライがあるのだから、当然ショート・バタフライがある。ロング・バタフライの売り買いを反対にしたものだ。

(単位:円)

| 期日の日経平均 | | 0 | 17,750 | 18,500 | 19,000 | 20,000 |
|---|---|---|---|---|---|---|
| 行使価格18,500円のコールを買った | コール代金の支払い | ▲485 | ▲485 | ▲485 | ▲485 | ▲485 |
| | コール賞金の受取り | 0 | 0 | 0 | +500 | +1,500 |
| 行使価格19,000円のコールを売った | コール代金の受取り | +280 | +280 | +280 | +280 | +280 |
| | コール賞金の支払い | 0 | 0 | 0 | 0 | ▲1,000 |
| 行使価格18,500円のプットを買った | プット代金の支払い | ▲635 | ▲635 | ▲635 | ▲635 | ▲635 |
| | プット賞金の受取り | +18,500 | +750 | 0 | 0 | 0 |
| 行使価格17,750円のプットを売った | プット代金の受取り | +345 | +345 | +345 | +345 | +345 |
| | プット賞金の支払い | ▲17,750 | 0 | 0 | 0 | 0 |
| | 合　計 | +255 | +255 | ▲495 | +5 | +5 |

[ショート・バタフライ]

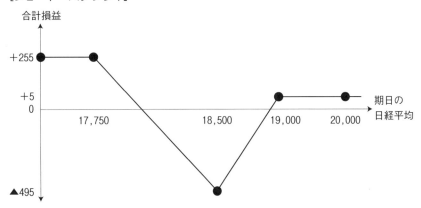

　ショート・バタフライの効果(得失)をストラドルの買いと比較してみよう。大きな利益が出る可能性をあきらめることによって、損失が生じる日経平均の範囲を狭めている(利益の生じる日経平均の範囲を拡大している)ことがわかるだろう。

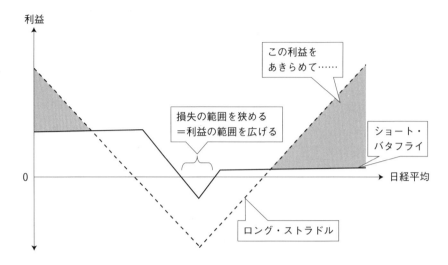

## (4) ヴァーティカル・スプレッド（ブル型、ベア型）

　ポジションの合成により、単独ポジション（コールだけ、プットだけ）を改良することもできる。**ヴァーティカル・スプレッドと呼ばれる合成ポジションは単なる「コールの買い」や「プットの買い」よりも利益を獲得できる日経平均の範囲を拡大できる。ただしその代償として、利益金額の縮小は受け入れなければならない**ことはいうまでもない。

ヴァーティカル・スプレッド（ブル型）

[2017年4月13日]

|  | 権利行使価格 | 6月限月 |
|---|---|---|
| コール | 18,500 | 485 |
|  | 19,000 | 280 |

[ヴァーティカル・スプレッド（ブル型）]　　　　　　　　　　（単位：円）

| 期日の日経平均 | | 0 | 18,500 | 19,000 | 20,000 |
|---|---|---|---|---|---|
| 行使価格18,500円のコールを購入 | コール代金の支払い | ▲485 | ▲485 | ▲485 | ▲485 |
| | コール賞金の受取り | 0 | 0 | +500 | +1,500 |
| 行使価格19,000円のコールを売却 | コール代金の受取り | +280 | +280 | +280 | +280 |
| | コール賞金の支払い | 0 | 0 | 0 | ▲1,000 |
| | 合　計 | ▲205 | ▲205 | +295 | +295 |

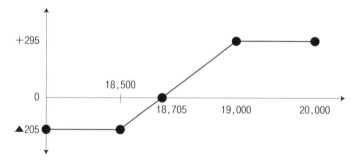

〔効果〕「行使価格18,500円のコールを買っただけ」の場合と比べると、日経平均が上昇しても利益に上限が生じてしまっている。しかし、「行使価格18,500円のコールを買っただけ」の場合、「18,985円を超えたら」利益が出るのに比べ、ヴァーティカル・スプレッド（ブル型）は、「18,705円を超えたら」利益が生じるように利益を獲得できる日経平均の範囲を拡張できた。損失に関しても「コールの買い」は最大で485円であるのに対し、ヴァーティカル・スプレッド（ブル型）は205円と損失もより少なくなっている。

[「行使価格18,500円のコールを買っただけ」との比較]

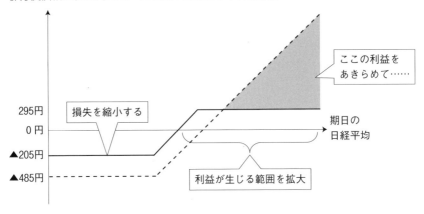

## ヴァーティカル・スプレッド（ベア型）

[2017年4月13日]

| | 権利行使価格 | 6月限月 |
|---|---|---|
| プット | 18,000 | 410 |
| | 18,500 | 635 |

[ヴァーティカル・スプレッド（ベア型）]  （単位：円）

| 期日の日経平均 | | 0 | 18,000 | 18,500 | 20,000 |
|---|---|---|---|---|---|
| 行使価格18,500円のプットを購入 | プット代金の支払い | ▲635 | ▲635 | ▲635 | ▲635 |
| | プット賞金の受取り | +18,500 | +500 | 0 | 0 |
| 行使価格18,000円のプットを売却 | プット代金の受取り | +410 | +410 | +410 | +410 |
| | プット賞金の支払い | ▲18,000 | 0 | 0 | 0 |
| | 合　計 | +275 | +275 | ▲225 | ▲225 |

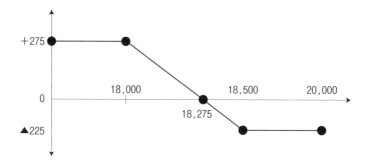

〔効果〕「行使価格18,500円のプットを買っただけ」の場合、「17,865円を下回ったら」利益が出るのに比べ、ヴァーティカル・スプレッド（ベア型）は、「18,275円を下回ったら」利益が生じるように利益を獲得できる日経平均の範囲を拡張できた。損失に関しても「プットの買い」は最大で635円であるのに対し、ヴァーティカル・スプレッド（ベア型）は225円と損失もより少なくなっている。

[「行使価格18,500円のプットを買っただけ」との比較]

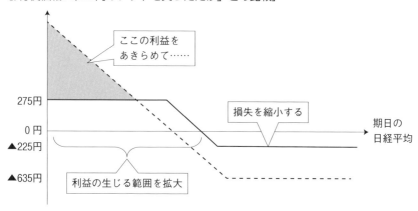

## (5) プロテクティブ・プット、カバード・コール

第1章(6)で「オプションは損害保険でもある」と述べた。日経平均に連動する株式資産（日経平均ETFや投信等）を保有する投資家が、下落リスクを緩和する方法は「プットを買う」ことだけではない。ここではもう少し詳細

に議論しよう。

[2017年4月13日時点]
　日経平均株価（225種）　18,427円
　6月限月　行使価格18,500円のコール価格　485円
　6月限月　行使価格18,500円のプット価格　635円

　まず、日経平均ETFを18,427円で購入した場合の損益線を描こう。当然であるが、日経平均が値上がりしたら利益が、値下がりしたら損失が生じる。ここで値下がりによる損失を限定あるいは軽減したいと考えるのがヘッジ取引である。

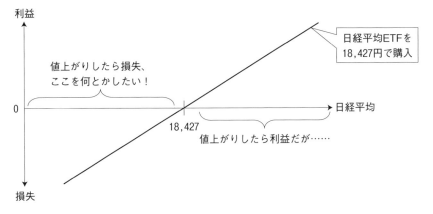

### プロテクティブ・プット

　「6月限月、行使価格18,500円のプットを購入」するのがプロテクティブ・プットと呼ばれるヘッジ取引である。この場合の損益線を描こう。

[期日の決済（2017年6月9日）]　　　　　　　　　　　　（単位：円）

| 期日の日経平均 | | 0 | 18,500 | 20,000 |
|---|---|---|---|---|
| 日経平均ETF保有 | | ▲18,427 | +73 | +1,573 |
| 行使価格18,500円のプットを購入 | プット代金の支払い | ▲635 | ▲635 | ▲635 |
| | プット賞金の受取り | +18,500 | 0 | 0 |
| | 合計 | ▲562 | ▲562 | +938 |

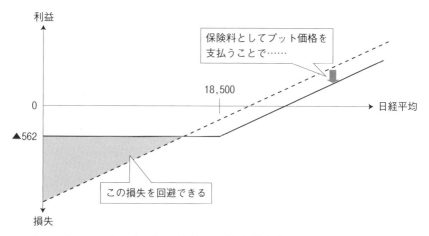

　プロテクティブ・プットの長所は、**最大損失を562円と限定できること**と、**価格上昇による利益に上限がないこと**（次のカバード・コールと比較してほしい）である。

　一方、**短所はコストの大きさである**。ETFを18,427円購入した場合、保険料としてのプット購入コストは635円になる。4月13日から6月9日までのわずか2カ月間のヘッジコスト（保険料）が資産総額の約3.4％に達する。1年間このポジションを取り続けると資産総額の約20％に相当する保険料を支払わねばならない。

### カバード・コール

　「6月限月、行使価格18,500円のコールを売却」するのがカバード・コー

ルと呼ばれるヘッジ取引である。この場合の損益線を描こう。

［期日の決済（2017年6月9日）］

(単位：円)

| 期日の日経平均 | | 0 | 18,500 | 20,000 |
|---|---|---|---|---|
| 日経平均ETF保有 | | ▲18,427 | +73 | +1,573 |
| 行使価格18,500円の コールを売却 | コール売却代金 | +485 | +485 | +485 |
| | コールの賞金支払い | 0 | 0 | ▲1,500 |
| | 合　計 | ▲17,942 | +558 | +558 |

　カバード・コールの長所は、コストが発生しないことと、日経平均ETF保有を含めた全体で利益の生じる日経平均の範囲が広がることである。
　一方、短所は損失を限定できない（下限がない）ことと、価格上昇による利益に上限があることである。

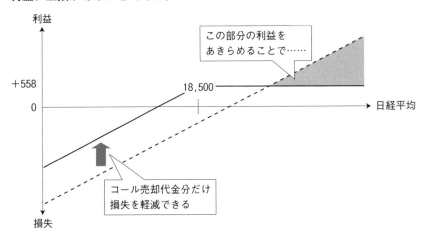

78　第1部　オプション

# 第4章

# プット・コール・パリティ

---
**本章のテーマ**

「元手なしに取引を開始し、期日の状況にかかわらず一定の利益を確保できることが確定する取引」のことを裁定取引と呼び、得られる利益を裁定利益と呼ぶ。まさに、ノーリスク・ハイリターンである。利益がどんなに少額であろうとも「元手なし」なので利回りは無限大である。

本章では実際の市場データを用いながら、プット・コール・パリティを使った裁定取引の組み立て方を解説する。

---

## (1) 期日の日経平均がいかなる場合でも確実に利益を得る方法

「そんなうまい話があるはずがない」「どうせ「理論どおりなら」という仮定の話だろ」と健全な疑問を抱いた人には信じられないだろうが、「期日の日経平均がいかなる場合でも確実に利益を得る方法」は現実に存在し、実行可能なのである。そのうえ、(理論上は)「自己資金なしで」収益を得られるので、投資利回りは無限大である。

[2017年4月13日]

日経平均現物　18,427円

日経平均先物（6月限月）　18,400円

|  | 権利行使価格 | 6月限月 |
|---|---|---|
| コール | 18,500 | 485 |
| プット | 18,500 | 635 |

[裁定取引]

| 期日の日経平均 | | | 0 | 18,500 | 20,000 |
|---|---|---|---|---|---|
| 日経平均先物売り（*） | | | +18,400 | ▲100 | ▲1,600 |
| 行使価格18,500円のコールを購入 | コール代金の支払い | | ▲485 | ▲485 | ▲485 |
| | コール賞金の受取り | | 0 | 0 | +1,500 |
| 行使価格18,500円のプットを売る | プット代金の受取り | | +635 | +635 | +635 |
| | プット賞金の支払い | | ▲18,500 | 0 | 0 |
| | 合　計 | | +50 | +50 | +50 |

（*）　実際には「オプションの売り」にも「先物買い・先物売り」にも取引証拠金が必要。ただし、裁定取引の場合、追加的な証拠金の拠出（追い証）は生じない。

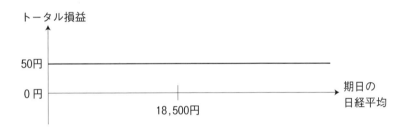

　損益線をみると「横一直線」である。これはたとえば2017年5月12日の日経平均がいくらであっても50円の利益が生じることを意味する。「なぜだ？」と思われた人のために詳細に検討しよう。

　ついでにいえばこのような「うまい話」に遭遇した場合、「だったらなぜ語り手（この場合筆者）は金持ちではないのか？」という疑問をもつことが健全である。

取引開始時

[2017年4月13日時点での取引開始時]

|  | 入出金 |
| --- | --- |
| 日経平均先物（6月限月）売り | 0円 |
| 6月限月行使価格18,500円のコールを買う | ▲485円 |
| 6月限月行使価格18,500円のプットを売る | +635円 |
| 合　　計 | +150円 |

このように取引開始時点では（証拠金を除いて）自己資金の拠出が不要で、取引を開始した時点で150円を受け取ることができる。

期日時点（決済）

取引開始時点（2017年4月13日）には期日（2017年5月12日）の日経平均がいくらになるか不明だ。「日経平均が10,000円まで下落した」「日経平均が30,000円まで上昇した」という両極端なケースと、「日経平均が18,400円でほとんど値動きがなかった」という3通りのケースで取引の結果（決済）がどうなるのか検討してみよう。

〔ケース1〕「期日（2017年5月12日）に日経平均が10,000円まで下落した」

|  | 入出金 |
| --- | --- |
| 日経平均先物（6月限月）売り | +8,400円 |
| 6月限月行使価格18,500円のコールを買う | 0円 |
| 6月限月行使価格18,500円のプットを売る | ▲8,500円 |
| 合　　計 | ▲100円 |

「プットの売りによる賞金8,500円の支払い」が生じるが、「日経平均先物の売りによる8,400円（＝18,400円－10,000円）の受取り」があるので差引100円の支払いになる。取引開始時の150円の受取りと差引50円の利益が生じ

たことになる。

　なお、実際の取引は1枚当り1,000倍であるから利益は50万円である。10枚なら500万円、100枚なら5,000万円……というわけにはいかない。その理由は後述する。

〔ケース2〕「期日（2017年5月12日）に日経平均が30,000円まで上昇した」

|  | 入出金 |
|---|---|
| 日経平均先物（6月限月）売り | ▲11,600円 |
| 6月限月行使価格18,500円のコールを買う | ＋11,500円 |
| 6月限月行使価格18,500円のプットを売る | 0円 |
| 合　　計 | ▲100円 |

　「コールの買いによる賞金11,500円の受取り」が生じるが、「日経平均先物の売りによる11,600円（＝18,400円－30,000円）の支払い」があるので差引100円の支払いになる。取引開始時の150円の受取りと差引50円の利益が生じたことになる。内訳は異なるものの全体ではケース1と同じ結果になっている。

〔ケース3〕「期日（2017年5月12日）に日経平均が18,400円でほとんど値動きがなかった」

|  | 入出金 |
|---|---|
| 日経平均先物（6月限月）売り | 0円 |
| 6月限月行使価格18,500円のコールを買う | 0円 |
| 6月限月行使価格18,500円のプットを売る | ▲100円 |
| 合　　計 | ▲100円 |

　「先物売り」と「コールの買い」は入出金が生じないが、「プットの売り」から100円だけ支払うことになるので全体で100円の支払いになる。取引開始時の150円の支払いと差引50円の利益が生じたことになる。内訳は異なるものの全体ではケース1、2と同じ結果になっている。

## (2) 裁定取引の原理

裁定取引はオプションに限らず、次のようなプロセスで実行される。
〔裁定取引のプロセス〕

> 1. 同じ結果（決済）をもたらす2つの異なる取引（金融商品）で、その2つの取引（金融商品）の取引コスト（価格）に差があるものを発見する。
> 2. コスト（価格）の高いものを売り、安いものを買えば裁定利益が得られる。

「裁定取引」などと聞くと難解に思われがちだが、裁定取引も他のあらゆる取引と同様に「安く買って、高く売る」ことでしか利益は得られない。

### 数値例1

| | 価　格<br>(取引開始時の支払額) | 将来の受取（支払）金額 | | |
|---|---|---|---|---|
| | | ケース1 | ケース2 | ケース3 |
| 金融商品A | 200円 | ▲30円 | +40円 | +750円 |

金融商品Aは200円で購入すると、将来の受取金額はケース1～ケース3の状況に応じて30円の追加的支払いから750円の受取りまで変化する。

裁定取引をしたい（無リスクで利益を得たい）投資家がやるべきことは、「金融商品A」と将来の受取りが「いかなる状況でも必ず同じになる」別の金融商品Bを発見することだ。通常は単品でこのような金融商品はなく、いくつかの金融商品を組み合わせて「金融商品Aと将来の受取金額が同じ」になるものをつくりだすことになる。

|  | 価　格<br>（取引開始時の支払額） | 将来の受取金額 | | |
| --- | --- | --- | --- | --- |
|  |  | ケース1 | ケース2 | ケース3 |
| 金融商品A | ▲200円 | ▲30円 | ＋40円 | ＋750円 |
| 金融商品B | ▲350円 | ▲30円 | ＋40円 | ＋750円 |

　そしてできあがった金融商品Bの価格（取引開始時の支払額）が金融商品Aと異なれば裁定利益が得られる。いまはその価格が350円だとしよう。
　あとは簡単。「**安いほうの商品を買い、高いほうの商品を売る**」ことで裁定**利益が得られる**。金融取引に限らずどんな取引でも「安く買って、高く売る（安いものを買って高いものを売る）」ことで利益が生じる。裁定取引でもこの原則が崩れることはない。
　この場合、「金融商品Aを買って、金融商品Bを売る」ことになる。

|  | 取引開始時 | 将来の受取金額 | | |
| --- | --- | --- | --- | --- |
|  |  | ケース1 | ケース2 | ケース3 |
| 金融商品Aを買う | ▲200円 | ▲30円 | ＋40円 | ＋750円 |
| 金融商品Bを売る | ＋350円 | ＋30円 | ▲40円 | ▲750円 |
| 合　計 | ＋150円 | ±0円 | ±0円 | ±0円 |

　「金融商品Bを売る」は空売りを意味する。買った場合と入出金が逆になる。
　取引開始時に「金融商品Aを買う」ために200円を支払い、「金融商品Bを売る（空売り）」ために350円を受け取る。合計で150円が手元に残る。
　将来、ケース1～ケース3のいずれが実現しても金融商品Aで受け取った金額を金融商品Bの支払いに充当することで±0円になる。
　よって、最初に受け取った150円が裁定利益として手元に残ることが確実になる。
　もし、金融商品Bのほうが安かった場合（たとえば150円）、「安い金融商品Bを買い、高い金融商品Aを売る」ことで裁定利益50円が得られる。

|  | 取引開始時 | 将来の受取金額 | | |
|---|---|---|---|---|
|  |  | ケース1 | ケース2 | ケース3 |
| 金融商品Aを売る | ＋200円 | ＋30円 | ▲40円 | ▲750円 |
| 金融商品Bを買う | ▲150円 | ▲30円 | ＋40円 | ＋750円 |
| 合　計 | ＋50円 | ±0円 | ±0円 | ±0円 |

概要は以上だが、次のような疑問が沸くはずだ。

〔Q1〕 「金融商品Bを空売り」ということだが、空売りはどんな商品でも必ずできるか。

〔A1〕 どんな商品でも「空売り」という取引ができるわけではない。逆に言えば、裁定取引には空売り（あるいはそれと同じ効果の取引）が存在することが必須条件となる。空売りが許されるデリバティブには裁定取引の機会が多い。

〔Q2〕 現実に裁定取引は存在するそうだが、ではこの方法で無限に利益を獲得できるか。

〔A2〕 できない。「安いほうを買い、高いほうを売る」ことで利益が得られるのだが、安いほうを買い続けると安い金融商品の価格は上昇し始めるだろうし、高いほうを売り続けると価格は下落し続けるだろう。

徐々に価格差は縮小していくが、価格差がある限り「安いほうは買われ続け、高いほうは売られ続ける」ので両者は接近していく。

|  | 当初の価格 |  | 時間経過 | … | 時間経過 |
|---|---|---|---|---|---|
| 金融商品A | 200円 | 買い圧力で価格上昇 | 230円 | … | 260円 |
| 金融商品B | 350円 | 売り圧力で価格下落 | 310円 | … | 260円 |
| 価格差 | 150円 |  | 80円 | … | 0円 |

そして両者の価格が一致すると裁定利益がゼロになるので一方的な買い圧力・売り圧力がなくなり、価格が安定する（上記の260円に根拠はない。いくらでもかまわないが両者の金額が一致するまで続く）。その後、何らかの事情で

価格差が生じると再び裁定取引が始まり、裁定取引自身の買い圧力・売り圧力で価格差がなくなる（価格差がなくなるまで買い圧力・売り圧力が続く）。

現実の裁定取引が巨額になればなるだけ、あっという間に裁定取引の買い圧力・売り圧力自身で価格差が消失し、それ以上の裁定利益が得られなくなる。

### 数値例2

「同じ結果（決済）をもたらす2つの異なる金融商品」という条件を提示しておきながら早々に改めて申し訳ないが、「同じ金額」ではなくても「差額が同じ」なら裁定取引はできる（*）。前述の例で「金融商品Bを売る」ことによる将来の支払額が「金融商品Aを買う」ことによる受取金額を常に10円だけ上回ったとしても、当初に受け取った150円から10円だけ支払えば、残った140円が裁定利益になる。

|  | 取引開始時 | 将来の受取金額 | | |
|---|---|---|---|---|
|  |  | ケース1 | ケース2 | ケース3 |
| 金融商品Aを買う | ▲200円 | ▲30円 | +40円 | +750円 |
| 金融商品Bを売る | +350円 | +20円 | ▲50円 | ▲760円 |
| 合　計 | +150円 | ▲10円 | ▲10円 | ▲10円 |

(*) 賢明な読者は気づいたであろう。実は差額が一定である必要すらない。上記の場合、将来の各ケースの支払金額が取引開始時の受取金額150円を超えさえしなければ金額は変動するものの確実に利益は得られることになる。

さらにいえば、取引コストと将来の受取金額を区分する必要もなく、将来のどのケースでも一定の格差があれば裁定取引が可能になる。

|  | 購入代金＋将来の受取金額 | | |
|---|---|---|---|
|  | ケース１ | ケース２ | ケース３ |
| 金融商品Ａを買う | ▲230円 | ▲160円 | ＋550円 |
| 金融商品Ｂを買う | ▲370円 | ▲300円 | ＋410円 |
| 格　差 | ▲140円 | ▲140円 | ▲140円 |

　もちろん、受取りの多いほう（支払いの少ないほう）を買い、支払いの多いほう（受取りの少ないほう）を売る（売ることで入出金が逆になる）。

［裁定取引］

|  | 購入代金＋将来の受取金額 | | |
|---|---|---|---|
|  | ケース１ | ケース２ | ケース３ |
| 金融商品Ａを買う | ▲230円 | ▲160円 | ＋550円 |
| 金融商品Ｂを売る | ＋370円 | ＋300円 | ▲410円 |
| 合　計 | ＋140円 | ＋140円 | ＋140円 |

## (3) オプションで「先物取引と同じ商品」をつくろう

　裁定取引の原理は何となくイメージが湧いたと思う。実際の金融市場で裁定取引を組み立てよう。

［2017年4月13日］

日経平均現物　18,427円

日経平均先物（6月限月）　18,400円

|  | 権利行使価格 | 6月限月 |
|---|---|---|
| コール | 18,500 | 485 |
| プット | 18,500 | 635 |

金融商品Ａとして「日経平均先物」を想定する。

第4章　プット・コール・パリティ

| 期日の日経平均 | 0 | 18,500 | 20,000 |
|---|---|---|---|
| 日経平均先物買い | ▲18,400 | +100 | +1,600 |

「日経平均先物」と同じ結果をもたらす金融商品Ｂを、オプションを使ってつくりだす、**シンセティック・ロングと呼ばれる方法がある。同じ権利行使価格のコールを買い、プットを売れば日経平均と連動するポジションが得られる。**

| | 期日の日経平均 | 0 | 18,500 | 20,000 |
|---|---|---|---|---|
| 行使価格18,500円のコールを買う | コール代金の支払い | ▲485 | ▲485 | ▲485 |
| | コール賞金の受取り | 0 | 0 | +1500 |
| 行使価格18,500円のプットを売る | プット代金の受取り | +635 | +635 | +635 |
| | プット賞金の支払い | ▲18,500 | 0 | 0 |
| | 合　計 | ▲18,350 | +150 | +1,650 |

両者の損益線を描くと、期日の日経平均がいくらであっても一定の間隔（50円の格差）を保っていることがわかる。

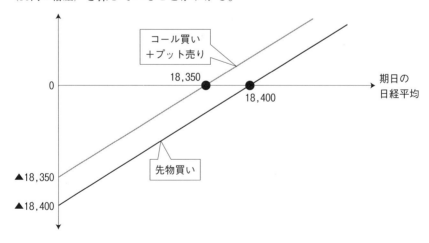

| 期日の日経平均 | 0 | 18,500 | 20,000 |
|---|---|---|---|
| 日経平均先物買い | ▲18,400 | +100 | +1,600 |
| コール買い+プット売り | ▲18,350 | +150 | +1,650 |
| 格差 | ▲50 | ▲50 | ▲50 |

　日経平均先物買いの入出金を逆転するために「日経平均先物売り」にして、同時に「コール買い+プット売り」にすれば裁定取引が完成する。

| 期日の日経平均 | 0 | 18,500 | 20,000 |
|---|---|---|---|
| 日経平均先物売り | +18,400 | ▲100 | ▲1,600 |
| コール買い+プット売り | ▲18,350 | +150 | +1,650 |
| 合計 | +50 | +50 | +50 |

## (4) プット・コール・パリティ

　裁定取引の結果、異なる金融商品の格差は消失すると解説した。このケースでは日経平均先物による利益とコール買い+プット売りによる利益が一致するはずだ。

　日経平均先物買いの利益=期日の日経平均−先物価格
　コール買い+プット売りの利益
　=（期日の日経平均−権利行使価格）−コール価格+プット価格

| 期日の日経平均 | 0 | 18,500 | 20,000 |
|---|---|---|---|
| 行使価格18,500円のコールを買う | 0 | 0 | +1,500 |
| 行使価格18,500円のプットを売る | ▲18,500 | 0 | 0 |
| 合計 | ▲18,500 | 0 | +1,500 |

両者が一致するから、

　期日の日経平均−先物価格

$$= （期日の日経平均 - 権利行使価格） - コール価格 + プット価格$$

∴ **先物価格 = コール価格 - プット価格 + 権利行使価格**

逆に言えばこの関係式が成立しない（格差がある）場合に裁定取引が可能になる。

一般的には、

**コール価格 = プット価格 + 先物価格 - 権利行使価格**

と並び替えられてプット価格とコール価格の関係式となり、これを「プット・コール・パリティ」と呼ぶ。ただし、これは時間価値（金利の効果、借入れなら支払利息、現金保有なら受取利息の発生）は無視している。といってもゼロ金利政策下で、しかも2～3カ月の期間の金利は実務的にも無視できる。また、上記の裁定取引の実例には影響を及ぼさない。

### 補足1　金利の影響を考慮した厳密な「プット・コール・パリティ」

以下は数式をみても苦にならない人のための解説である。そうでない人はとばしていただいてもかまわない。

一般的な教科書では先物取引のかわりに、「借金して日経平均の現物を買う」を金融商品Aとして位置づける（理論的には先物と同じ取引である）。どうしてわざわざ「自己資金ではなく借金するのか」といえば、手元資金を手放すことにより失う受取利息の効果を明確にするため、もうひとつは取引開始時の自己資金による投資額をなるべく小さくしたいため、ということがあげられるだろう。

|  | 取引開始時 | 期日の決済 |
|---|---|---|
|  |  | 期日の日経平均$S_1$ |
| 借入れをする | $+S_0$円 | 借入を利息込みで返済する<br>▲$S_0(1+r)^t$ |
| 日経平均（現物）を買う | ▲$S_0$円 | 日経平均を売却する<br>$+S_1$ |
| 合計（金融商品A） | ±0円 | $+\{S_1-S_0(1+r)^t\}$ |

金融商品Aの期日の利益 = $+\{S_1-S_0(1+r)^t\}$

次に金融商品Aと同じ効果をもつ金融商品Bを組み立てる。前述のように「同じ権利行使価格$K$のコールの買い+プットの売り」になる。

|  | 取引開始時 | 期日の決済 | |
|---|---|---|---|
|  |  | 期日の日経平均$S_1<K$の場合 | 期日の日経平均$S_1>K$の場合 |
| コールを買う | ▲$C_0$円 | ±0円 | $+(S_1-K)$円 |
| プットを売る | $+P_0$円 | ▲$(K-S_1)$円 | ±0円 |
| 合計<br>(金融商品B) | $+(P_0-C_0)$円 | ▲$(K-S_1)$円=$+(S_1-K)$円 | $+(S_1-K)$円 |
|  |  | 結局、どちらの場合も $+(S_1-K)$円 | |

ここで注意が必要なのは取引開始時に受け取った現金 $+(P_0-C_0)$円は、期日までの期間 $t$ に金利 $r$ で増加する。

したがって、金融商品Bの期日の利益 = $(P_0-C_0)(1+r)^t$円 $+(S_1-K)$円

金融商品Aと金融商品Bの期日の利益が等しくなるはずである（等しくなければ裁定取引が行われ、その効果で等しくなる）から、

$$+\{S_1-S_0(1+r)^t\} = (P_0-C_0)(1+r)^t+(S_1-K)$$

$$S_0(1+r)^t = (C_0-P_0)(1+r)^t+K$$

$$S_0=(C_0-P_0)+\frac{K}{(1+r)^t}$$

$$C_0=P_0+S_0-\frac{K}{(1+r)^t}$$

これが金利を考慮した厳密なプット・コール・パリティの式である。

さらに前述の日経平均（現物）$S_0$のかわりに日経平均先物$F$を用いる場合、
$$S_0 = \frac{F_0}{(1+r)^t}$$
という理論関係がある（「第2部　先物」で詳述する）ので、
$$C_0 = P_0 + \frac{F_0}{(1+r)^t} - \frac{K}{(1+r)^t}$$
と表される。

ただ、現在の金融環境下では、$r \cong 0$だから$(1+r)^t \cong 1$なので上式は、
$$C_0 \cong P_0 + F_0 - K$$
となり、前述の「時間価値を無視したプット・コール・パリティの式」、

　　コール価格＝プット価格＋先物価格－権利行使価格

が得られる。

### 補足2　上級編　通貨オプションのプット・コール・パリティ

ドル金利：4.0%（年率）

円金利：1.0%（年率）

現在の直物レート：1ドル＝112円

権利行使価格110円／ドル、残存1年のドル・コール価格：8.41円

権利行使価格110円／ドル、残存1年のドル・プット価格：5.12円

（注）「ただでさえややこしいオプションなのに、逆の逆になる通貨オプションなんて無理」と思う人は「第1章(6)オプションは損害保険でもある」を参照して、誤った先入観を取り除いてから以下を読んでほしい。

上記の状況での①裁定取引と、②プット・コール・パリティからのコールの理論価格を示そう。一般のプット・コール・パリティの式は、

$$コール価格 = プット価格 + 現物価格 - \frac{権利行使価格}{(1+金利)^{残存期間}}$$

であるが、この式には金利は1つしか登場しない。通貨オプションの場合、米国と日本の金利が関係する。さて、どうやって2つの国の金利を反映させればよいだろうか。

ここでいきなりで恐縮だが最初に裁定取引を示してしまう。「(日本人が)円ベースでの裁定利益を狙っている」状況だ。

| | 現在 | 1年後 ドル安の場合 例：1ドル=90円 | 1年後 ドル高の場合 例：1ドル=130円 |
|---|---|---|---|
| コールの売り | +8.41円 | 0円 | $(K-S)$ ▲20円 |
| プットの買い | ▲5.12円 | $(K-S)$ +20円 | 0円 |
| 現物（ドル）の買い（期日の受取りが1ドルになるドル預金） | ▲112円÷(1+4.0%) =▲107.69円 | $(+S)$ 1ドル×90円/ドル =+90円 | $(+S)$ 1ドル×130円/ドル =+130円 |
| 借入れ（期日に元利合計が権利行使価格と一致する円借入) | +110円÷(1+1.0%) =+108.91円 | $(\blacktriangle K)$ ▲110円 | $(\blacktriangle K)$ ▲110円 |
| 合　計 | +4.51円 | ±0円 | ±0円 |

ポイントは現物価格である。ドル価格が一般式の「現物価格」に相当するのだが、現在の1ドル分の円換算額ではなく、期日に米国金利で元利合計が1ドル分になる $\dfrac{1 ドル}{(1＋米国金利)^{残存期間}}$ の円換算額である。すなわち $\dfrac{1 ドル}{(1＋米国金利)^{残存期間}} \times$ 現在の直物レート（円／ドル）となることである。

期日に元利合計が権利行使価格になる借入れは、通常どおりの円ベース借入れ（円金利）である。したがって、通貨オプションのプット・コール・パリティは次式になる。

コール価格
$$= プット価格 + \frac{直物レート}{(1＋米国金利)^{残存期間}} - \frac{権利行使価格}{(1＋日本金利)^{残存期間}}$$

第4章　プット・コール・パリティ

通貨オプションのプット・コール・パリティは、通常の株式オプションのパリティにおいて株式配当を考慮した場合にも当てはまる。

コール価格
$$= \text{プット価格} + \frac{\text{現物価格}}{(1+\text{配当利回り})^{\text{残存期間}}} - \frac{\text{権利行使価格}}{(1+\text{日本金利})^{\text{残存期間}}}$$

## 補足3　空売りとは

　裁定取引を組み立てるとき頻繁に登場するのが「空売り」であるが、初学者・未経験者にはイメージしにくい取引である。空売りには「理論上想定されている取引」と「現実に行われている取引」がある。実は、「理論上想定されている取引」と「現実に行われている取引」に違いがあるのは空売りに限らない。空売りに関連して登場する両者の相違について簡単に解説する。

### 理論上想定されている「空売り」

　裁定理論で登場する空売りは、現物買い（通常の買い）の時間的並びを逆にしたものである。時間的並びを逆にすると、時間に伴って発生する利息が受取りから支払いに逆転する。

　まず通常の「現物買い」の取引を確認しよう。取引開始時点で手元現金を手放すことで株式を購入する。「手元現金を手放す」ことにより手元にあれば預金することにより得られたであろう金利（受取利息）を得られなくなる。この損失を明確に測定するために（その必要がなくても）「借入れして現物を買う」と考える。この際、理論上は「預金金利と借入金利は等しい」と想定している。もちろん、現実には「預金金利≪借入金利」なのであるが、理論上はそう想定している。そうすると手元現金で購入して喪失する受取利息と、借金で購入して支払う借入利息は同額になる。さらに理論上は「借りたい額だけ無制限に借りられる」ことを想定している。

　その後、購入したときよりも価格が上昇していれば儲けが発生する。「は

じめに安く買って、後で高く売る」ことで利益が得られる。ただし、その利益が手放した現金の預金金利（あるいは借入金利）よりも少なければトータルで利益が発生したことにはならない。

「理論上の空売り」はまさに上記の取引の時間的並びを逆にしたものである。通常の商取引は「買ってから売る」のであるが、空売りは「売ってから買う」のである。当然「保有していないものを売れるのか」と疑問に思うだろう。「存在していないもの」を売るので「空売り」と呼ぶのである。取引相手の立場からみれば「存在していないもの」を買うことになる。よくそんなことが平気でできるものだ。買い手がこの取引に応じるのは「売った相手が将来買い戻してくれる」と信用している場合だけである。結局、「存在しないもの」を売買しているのと同じである。

| | 取引開始時 | 売却時 |
|---|---|---|
| 現物買い | 借入れして現物を買う | 売却により現金化し、借金を利息を含めて返済する |
| 空売り | 売却により現金化し、預金する | 預金を払い戻し、現物を買う（買い戻す） |

現物買いであろうが、空売りであろうが、儲けるための法則はただ1つ、「安く買って、高く売る」ことだけである。現物買いの場合、「はじめに買って、後で売る」のだから「最初は安く、後で高く」なった場合、すなわち価格が上昇した場合に利益が得られる。**空売りの場合、「はじめに売って、後で買う」のだから「最初は高く、後で安く」なった場合、すなわち価格が下落した場合に利益が得られる。**

なお、理論上の裁定取引では「空売りで得た資金で他の金融商品を購入する」という表現が出てくる。現実の取引では投資家が売却代金を手にすることはなく実行不能のように思えるが、理論上は「空売りで得た資金を預金する」＋「借入れして他の金融商品を購入する」という取引と同じとみなしているので、この点に関しては実現不可能というわけではない。

### 現実に行われている「信用売り」

「売った相手を信用して「存在しないもの」を売買」する取引が現実にも行われている。「信用取引の信用売り」が空売りである。ただし、根拠もなく信用はできないので委託保証金の拠出を求められる。そのほか、理論上は無視している貸株料、手数料等が発生する。信用取引には制度信用取引と一般信用取引がある。制度信用取引は取引所によって規則が定められているが、一般信用取引は証券会社ごとに規則が自由に設定されている。

投資家から空売りの注文が出たら「「存在しないもの」を売る」のではなく、実際に売り注文の対象となる銘柄が現物市場で売却される（*1）。売却するためには株式が必要である。投資家は注文を出した窓口となる証券会社から株式を借りることになる（*2）。

証券会社のほうでも常時貸出用の株式を用意しているわけではなく、証券会社は証券金融会社といって株式の貸出に応じることを業務としている会社から株式を借りてきて投資家に又貸しすることになる。証券金融会社も上場銘柄全部を準備しているわけではなく、信用売り用の銘柄を貸借銘柄と称して選定・準備している。

(*1) 前述のように信用売りの売却代金は投資家の手元に届くことはない。借りた株の担保として証券会社あるいは証券金融会社に留保される。

(*2) 制度信用取引の場合、6カ月以内に返済しなければならない。一般信用取引の場合、証券会社によって返済期限が異なり特に期限を定めていない（無期限の）証券会社もある。

### 補足4　オプション・プレミアムと金利の関係

オプション・プレミアムの決定要因の節（第2章(1)参考）で、「金利の影響はチャートでは説明しにくい」と述べた。そこで金利の影響をプット・コール・パリティの式から解説してみよう。

$$コール価格 = プット価格 + 現物価格 - \frac{権利行使価格}{(1+金利)^{残存期間}}$$

式をみると、金利の上昇は$\frac{権利行使価格}{(1+金利)^{残存期間}}$を小さくするので、コール価格を上昇させる要因であることがわかるだろう。また、上記の式は、プット価格を中心に下記のように変形できる。

$$プット価格 = コール価格 - 現物価格 + \frac{権利行使価格}{(1+金利)^{残存期間}}$$

金利の上昇は$\frac{権利行使価格}{(1+金利)^{残存期間}}$を小さくするので、プット価格を下落させる要因である。

ただし、これも便宜的な説明にすぎない。本当の理論的背景は巻末の「補講 オプション価格理論」の(1)二項モデルと(7)ブラック＝ショールズ・モデル（BSモデル）の項を参照してほしい。

### 補足5　プット・オプション価格と残存期間の特殊な関係

オプション・プレミアムの決定要因の節（第2章(6)参考）で、「残存期間のプット・オプション価格に与える影響が確定できない」と結論だけ述べたが、これをプット・コール・パリティから解説してみよう。

$$コール価格 = プット価格 + 現物価格 - \frac{権利行使価格}{(1+金利)^{残存期間}}$$

$$\therefore プット価格 = コール価格 - 現物価格 + \frac{権利行使価格}{(1+金利)^{残存期間}}$$

残存期間の増加は、ボラティリティの上昇と同じ効果をもたらすのでコール価格を上昇させる。したがって、プット価格にとってプラスの要因である。しかし、残存期間の増大は$\frac{権利行使価格}{(1+金利)^{残存期間}}$の減少を意味する。これは

プット価格にとってマイナスの要因である。全体として、プラスに働くかマイナスに働くかは両者の大小関係次第で一概に決定できないということがわかる。

# 第 5 章

# 時間価値を含めたオプション損益線

---- 本章のテーマ ----

「第3章 オプションの合成」で取り上げた損益線は「期日までオプションを保有し期日に権利行使して得られる利益」を表現したものである。しかし、期日にしか権利行使できないヨーロピアン・タイプであっても期日前に損益を確定することができる。それは「買ったオプションを期日前にオプションのまま売却すること」である。つまり、「購入した宝くじが値上がりしたら（期日まで待って賞金を狙うのではなく）宝くじのまま売却してしまおう」ということだ。

---

## (1) オプションの反対売買による決済

2017年6月8日に7月限月行使価格19,875円のコールを340円で購入した投資家がいた。翌日の6月9日には購入したコールの価格が355円まで上昇した。

ここで6月8日にコールを買った投資家は、期日（2017年7月14日）に得られる賞金を狙うしかないのだろうか。しかし、6月9日に権利行使できたとしても行使価格が19,875円のコールの賞金はたった138円（＝20,013円－19,875円）であり、購入代金340円を差し引くと202円の損である。

コールを買った投資家にはもうひとつ「利益を得る方法」がある。それは期日前（6月9日）に保有しているコール・オプションを市場価格355円で売却することである。その場合、「6月8日に340円で買ったコールを、6月9日に355円で売却する」ことになるので15円の利益が得られる。

| 2017年6月8日 日経平均 19,909円 | | |
|---|---|---|
| | 権利行使価格 | 7月 |
| コール | 19,750 | 415 |
| コール | 19,875 | 340 |
| コール | 20,000 | 285 |
| プット | 19,750 | 260 |
| プット | 19,875 | 310 |
| プット | 20,000 | 365 |

| 2017年6月9日 日経平均 20,013円 | | |
|---|---|---|
| | 権利行使価格 | 7月 |
| コール | 19,750 | 430 |
| コール | 19,875 | 355 |
| コール | 20,000 | 280 |
| プット | 19,750 | 215 |
| プット | 19,875 | 260 |
| プット | 20,000 | 320 |

つまり、日経平均がいつでも行使できる（賞金をもらえる）アメリカン・タイプの場合であったとしても、「行使して賞金を請求する方法」よりも「市場価格で売却する方法」を選択するだろう。

今度は「プット・オプションを売った投資家」の立場でこの状況を考えてみよう。6月8日に行使価格19,875円のプットを310円で売った投資家は、期日（2010年7月14日）まで「支払わなければならない賞金」にハラハラするしかないのだろうか。「オプションを買った投資家が売却できる」ように、「オプションを売った投資家は買戻しができる」のだ。通常の商取引は「買ってから売る」のであるが、上場されている金融商品の多くは「売ってから買う」という時間的前後を逆転できる。複雑に感じられるかもしれないが、売るタイミングと買うタイミング、どちらが先行しても「安く買って、高く売る」ことで利益が得られる。6月8日に行使価格19,875円のプットを310円で（高く）売った投資家は、6月9日に260円で（安く）買い戻すことで差額50円の利益を確定できる。

このように期日前に利益（あるいは損失）を確定することを「反対売買によるポジション解消」と呼ぶ。

## (2) オプションの本当の損益線

これまでオプション価格を「買うときに支払う金額」、すなわちコストとして説明してきたが、実は「売却可能な金額」という面ももつのである。だとすると損益線を描くとき期日の権利行使による利益（もらえる賞金）を縦軸にとるのは、「市場価格で売却する方法」を無視していることになる。

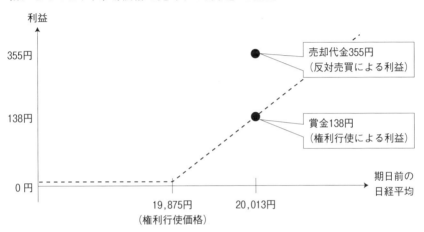

すなわち、**損益線には賞金（権利行使による利益）ではなく、オプション価格を書き入れるべきである**。この損益線にオプション価格の線を描くには、日経平均に応じてオプション価格がいくらになるかわからないと描き込めない。ここで登場するのがBSモデルである。**BSモデルを使って「S：原資産価格（ここでは日経平均）」に応じて理論価格がどうなるかを計算することによりグラフを描ける。これが実務的な損益線である。**

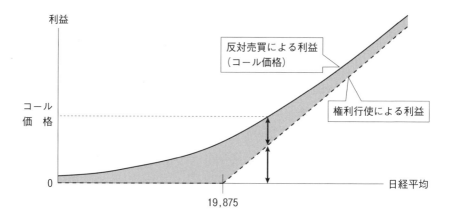

## (3) 時間価値

　このグラフで本質的価値、時間価値、オプション価格がどこに相当するのか確認しよう。

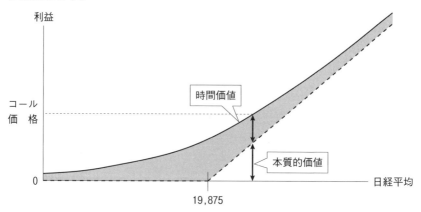

　「コール価格355円＝本質的価値138円＋時間価値217円」の関係から、権利行使して得られる賞金（本質的価値138円）よりも、コールを売却して得られる利益のほうが時間価値217円分だけ大きくなることがわかるだろう。

　第1章「オプションの直感的理解」では以下の疑問を提示した（35～36頁参照）。ここでこれらの疑問を解決しよう。

〔Q1〕 時間価値がマイナスに(価格が本質的価値よりも低く)なることはないのか。

〔A1〕 「時間価値がマイナス」とはオプション価格が本質的価値よりも低くなる状態である。下図のようにコール価格(100円)＜本質的価値(138円)ということが起こりうるかどうかである。

　もし、このオプションがいつでも権利行使できる(賞金を請求できる)アメリカン・タイプならば「100円でコールを買ってその場で権利行使して138円を得る」ことができる。であれば買いが殺到するだろうから、買い圧力により利益が生じなくなる水準(138円)までコール価格は上昇するだろう。期日前には権利行使できないヨーロピアン・タイプでも、コールを買うと同時に「日経平均先物を売る」等によって利益を確定できるので同じである。よって「時間価値がマイナス」という状況が長期間放置されることはない。

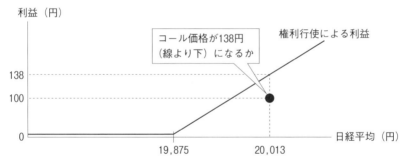

〔Q2〕 なぜ賞金よりも多い金額を払ってオプションを購入するのか。

〔A2〕 これは「オプション価格が本質的価値よりも大きくなるのはなぜか」という疑問である。あるいは「なぜ時間価値がプラスになるのか」と同義である。「時間価値がマイナス」にならないことはQ1でわかった。では「時間価値がプラス」になる理由は何だろうか。

　もし、いっさい「時間価値がプラスにもマイナスにもならない」とすると、オプション価格は常に本質的価値と一致する。これはアット・ザ・マネー(ATM)あるいはアウト・オブ・ザ・マネー(OTM)の領域にある

オプションの価格がゼロになることを意味する。

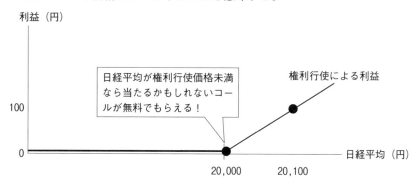

　たとえば、日経平均（原資産）が20,000円の時、行使価格20,000円のコール・オプションはATMなので価格がゼロになる。その後、日経平均が1円以上上昇すると賞金がもらえる宝くじである。何よりも「無料でもらえる」のだから、もらったほうがよいに決まっている。

　「コールをもらう人（無料で買う）がいる」ということは、「コールをあげる人（無料で売る）がいる」ということを意味する。当たれば賞金を払わないといけない宝くじをだれがタダであげるだろうか。売るほうは「現状では外れだけど、当たるかもしれない宝くじを安く買わないか」ともちかける。これに応じる買い手も現れるはずだ。年末ジャンボ宝くじでいえば「1万枚を100円で買わないか」ともちかけられたら「買いたい」という人も現れるだろう。このような動機によって「時間価値がプラス」になる。このような状況はITMでも同じだ。「いまよりも賞金が大きくなる可能性のある宝くじはほしくないか」と誘われているようなものだ。ちなみにBSモデルによると時間価値は「ATMで最大」、ITMでもOTMでもATMから離れるに従って時間価値は小さくなる。

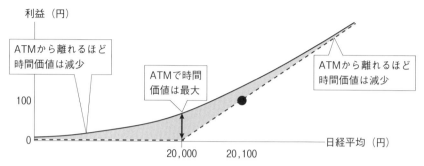

〔Q3〕 なぜ「時間価値」という名称なのか。
〔A3〕「第2章 オプション・プレミアムの決定要因」では「残存時間が長いほどオプション価格が高い」ことを解説した。これをBSモデルを使って損益線のグラフで解説してみよう。「残存期間が長いオプション」と「残存期間が短いオプション」の両方を同じグラフに表示した。

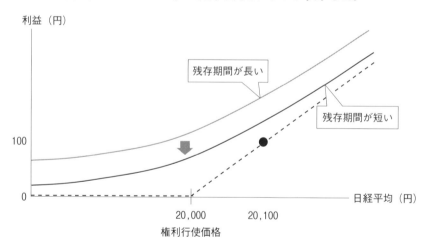

残存期間が短くなるにつれ本質的価値（折れ線）に近づいていき、期日には本質的価値（折れ線）と一致する。つまり「時間の経過とともに時間価値が消失する」のである。「期日までの時間」によって生み出される価値だから時間価値という名称が与えられたのである。

## (4) オプションの感応度

本書ではオプション価格の決定要因には以下の5つがあると説明してきた。

```
S：現在の原証券価格
K：権利行使価格（一定）      BSモデル等
t：残存期間              ⇒   オプション理論価格
σ：ボラティリティ
r：金利
```

このなかで権利行使価格だけはあらかじめ設定された金額で一定で、時間の経過とともに変化することはない。それ以外の4つの要素、S：現在の原証券価格、t：残存期間、σ：ボラティリティ、r：金利（無リスク利子率）は変化する。オプションの感応度とは、各々の要素が変化した場合（他の要素は変化しないという仮定のもとに）、オプション価格がどの程度変化するのか、理論価格に従って算出した係数である。

| 決定要因 | 感応度 |
|---|---|
| S：現在の原証券価格 | ・$\delta$（デルタ）$= \dfrac{プレミアの変化}{原証券の変化}$ |
| t：残存期間 | ・$\theta$（セータ、タイム・ディケイ）$= \dfrac{価格の変化}{行使期間の変化}$ |
| σ：ボラティリティ | ・$\kappa$（カッパ）$= \dfrac{価格の変化}{ボラティリティの変化}$ |
| r：金利 | ・$\rho$（ロー）$= \dfrac{価格の変化}{利子率の変化}$ |

これらの感応度を利用して合成ポジションの性格を設計・管理するのだが、ここでは最も基礎的なデルタについてのみ解説する。**デルタとは「原資産（日経平均）が1円上昇した時に、オプション価格が何円値上がりするか」を表していると考えればよい。**

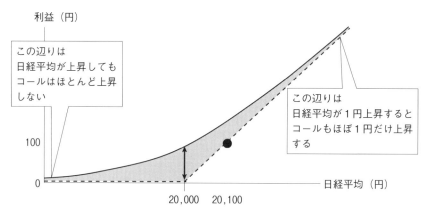

日経平均が高い領域では、日経平均が1円上昇するとコール価格もほぼ1円だけ上昇する。つまりこの領域では「コールのデルタは約1」である。

逆に日経平均が低い領域では、現物価格が1円上昇してもコール価格はほとんど上昇しない。この領域では「コールのデルタは約0」である。つまり

0 ≦ コールのデルタ ≦ +1

であるといえる。そしてその中間であるアット・ザ・マネー（ATM：権利行使価格＝現物価格）でのデルタは0と+1の中間、すなわち+0.5になる。

次に、プットのデルタを考えてみよう。

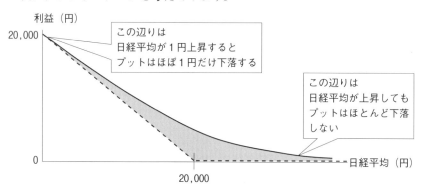

日経平均が低い領域では、日経平均が1円上昇するとプット価格はほぼ1円だけ下落する。この領域では「プットのデルタは約▲1」である。

日経平均が高い領域では、現物価格が1円上昇してもコール価格はほとん

第5章　時間価値を含めたオプション損益線　107

ど下落しない。この領域では「プットのデルタは約0」である。つまり

$$▲1 ≦ プットのデルタ ≦ 0$$

である。そしてその中間であるATMでのデルタは▲1と0の中間、▲0.5になる。

次にプット・コール・パリティの式から考えてみよう。

$$C = P + S - \frac{K}{(1+r)^t} \quad \cdots\cdots 式①$$

この状況から現物価格が1円上昇した時にもこの式は成立する。現物が1円上昇するとコールはデルタ分だけ価格上昇し、プットはデルタ分だけ価格が下落する（プットのデルタはマイナスなので「プット＋プットのデルタ」が小さくなる）。また、安全資産の価格は不変である。よって、

$$(C + コールのデルタ) = (P + プットのデルタ) + (S + 1) - \frac{K}{(1+r)^t}$$

$$\cdots\cdots 式②$$

式②の両辺から式①の両辺を引くと、

$$コールのデルタ = プットのデルタ + 1$$

が得られる。

# 第 6 章

# 隠れているオプション（複合金融商品）

---- 本章のテーマ ----

　宝くじにはサマージャンボや年末ジャンボだけでなく、Ｊリーグチームの勝敗によって当たり外れが決まるtotoや、少額賞金のスクラッチ、自分で番号が選べるナンバーズなどさまざまな種類が存在する。オプションにもこれまで解説してきたコールやプットのほかにもさまざまなオプションが存在するし、今後いくらでも新しいオプションが登場することだろう。
　本章ではオプションを内蔵している複合金融商品を取り上げ、組み込まれているオプションから金融商品の本質を解説する。

---

## (1) 新株予約権付社債（転換社債型、CB）

　新株予約権付社債（転換社債型）は旧商法で転換社債（Convertible Bond、CB）として規定されていた債券である（以下「CB」という）。現在の会社法は旧ワラント債とともに新株予約権付社債として規定されている。
　新株予約権とは、新株予約権を保有する投資家が会社に対して要求した時にあらかじめ設定された価格（転換価格）で新株を取得することができる権利のことである。これは投資家にとっては「アメリカン・タイプのコールの買い」を意味する。したがって転換価格は権利行使価格そのものである。
　新株予約権に基づき新株を求められた会社は、新株を発行するか、会社が保有している自己株式を引き渡すことになる。
　**CBは「コールの買い」が付加された普通社債と解釈される。株価上昇時には、新株予約権（コール・オプション）を行使して普通社債を株式購入代**

金のかわりに会社に引き渡す（**代用払込みという**）。これはあたかも「社債が株式に転換された」かのようにみえるので「転換社債」と呼ばれるのである。

〔CBの設定例〕

| 発行会社 | N社（*1） |
|---|---|
| N社CBの概要 | 発行総額：　　　　　　　　　　額面100億円<br>払込金額（発行価額（*2））：額面100円当り100円<br>クーポン：　　　　　　　　　　1.0%（年1回払い）<br>転換価格：　　　　　　　　　　2,000円<br>残存年数：　　　　　　　　　　1年 |
| 市場価格<br>（期日前） | CB：　　額面100円当り108円<br>N社株：2,200円／株 |

(*1) 当たり前のようであるが、CBを発行する会社はN社自身である。N社の社債（負債）であり、転換される株式もN社自身の株式である。後述する「他社株転換条項付社債（EB）」はN社と無関係な第三者が発行するものである。これが両者の決定的な違いとなることを後述する。

(*2) 発行価額と発行価格の違い

　　（細かい話で恐縮だが）実務において社債や株式の発行価額と発行価格は意味が異なる。

　　発行価額は資金調達側である発行会社が取得する金額で払込金額とも。発行価格は投資家が取得に要する金額で売出価格、募集価格とも。発行価格＞発行価額であり、差額が引受人である証券会社の手数料収入となる。

## 転換価格

転換価格とは新株予約権の権利行使によって発行される株式数を決める基準であり、コール・オプションの権利行使価格に相当する。具体的には次式に従って発行される。

社債額面＝転換価格×（転換により発行される株式数）
N社のCB全額が転換された場合、
　　100億円＝2,000円／株×500万株
となるので新株が500万株発行される（*）。そのかわりN社は社債額面100億円の償還（返済）をしなくてすむ。

(*)　あるいはN社が保有している自己株式を転換社債権者に引き渡すこともできる。

### CBを買った投資家はどういうときに得する（損する）か

投資家Aが、このCBを市場価格（額面100円当り108円）で額面100万円分、108万円支払って購入したとする。

〔ケース1〕　N社の株価が転換価格（2,000円／株）より高くなった場合

転換社債の期日にN社株の時価が2,500円／株だったとする。
投資家は転換権を行使してN社株に転換する。
　　100万円＝2000円／株×500株
すると、N社株500株を手に入れる。これを現物市場で時価（2,500円／株）で売却すると、
　　2,500円／株×500株＝125万円
を取得する。

投資家Aは108万円でCBを購入し、期日にCBを株式に転換してから売却して125万円を得た。17万円の利益である（*）。期日のN社株の売却代金は、株価が高くなればなるほど大きくなる。

(*)　転換権を行使した場合、経過利息は受け取れないように設定されていることが通常である。もちろん、すでに受け取っている利息を変換する必要はない。

〔ケース2〕　N社の株価が転換価格（2,000円／株）より低くなった場合

転換社債の期日にN社株の時価が1,600円／株だったとする。
投資家は転換権を行使せず、社債として額面100万円を受け取る。

第6章　隠れているオプション（複合金融商品）

結局、投資家Aは108万円でCBを購入し期日に101万円を受け取るので、7万円の損である。いくら値下がりしようが101万円を受け取れるので、損失は7万円以上大きくなることはない。

〔補足〕 念のため、投資家が転換権を行使した場合、どうなるか計算してみよう。

　　　100万円＝2,000円／株×500株

転換によりN社株500株を手に入れる。これを現物市場で時価（1,600円／株）で売却すると、

　　　1,600円／株×500株＝80万円

を取得する。社債として償還される金額より20万円少ない。

「N社株がほしい」場合でも、転換せず社債として額面償還100万円を受け取り、その100万円で、現物市場で時価1,600円／株でN社株を買えば625株取得できる（100万円÷1,600円／株＝625株）。つまり転換して500株を受け取るより125株多く取得できる。だから転換しない。

ケース1、ケース2をチャートに描くと以下のようになる。「コールの買い」と同じであることがわかる。

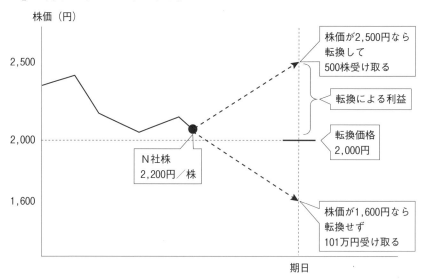

これを横軸にN社株価、縦軸に「額面100万円購入した場合に受け取る金額」をとったグラフに描くと「コールの買いの損益線」と一致する。

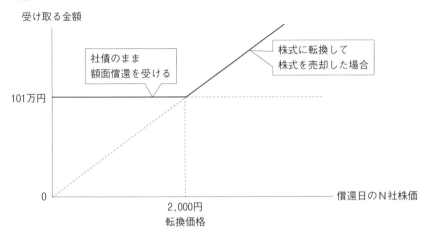

### CBと類似の複合金融商品　懸賞金付定期

CBは普通社債に「発行会社の株式を対象としたコールの買い」が付加されたものである。後述するが「普通社債の利息で、N社株式のコール・オプションを買った」ものと同じである。したがって、CBの利息はオプション購入代金分だけ普通社債よりも低くなる。

第1章で「オプションは宝くじ」と説明してきた。だからどんな「宝くじ」をつけるかは任意である。実在する類似の複合金融商品としては「懸賞付定期預金」があげられる。普通の定期金利より金利が低めに設定されており、普通金利との差額で「オプション（宝くじ）を買う」ことがセットになっているのだ。セットになっているオプションとして「年末ジャンボ宝くじ」そのものや、「阪神タイガースが優勝したら預金金利が高くなる」という独自の宝くじを設定した複合金融商品が実在した。

経済的合理性よりも「おもしろさ」を追求したものであるが、リスク面からは健全であると評価できる。社債額面（*）や定期預金の元本部分が損なわれることはないからである。

(\*)　もっとも社債に関してはデフォルト・リスクがつきまとうので額面が安全とは言い切れない。

## (2)　他社株転換条項付社債（EB）

　他社株転換条項付社債（EB）、日経平均リンク債は同じ性質をもつ金融商品である。どちらも「普通社債にプット・オプションの売りが付加されたもの」と解釈される。普通社債よりも金利が高めに設定されているが、それは「オプションの売り」によるオプション価格の受取りを意味し、「賞金支払いによる損失」が伴う。

　まず、他社株転換条項付社債（Exchangeable Bond、EB）から解説する。

　他社株転換条項付社債（以下「EB」という）は償還が債券か株式になるのでCBとよく似ているが、トラブルが発生しやすい金融商品の特性を有しており、また実際に過去にトラブルが発生した金融商品で、CBとは異なることを強調したい（\*）。

　(\*)　後述するが、EBを発行・販売した金融機関に金融庁から業務改善命令が下されている事例が複数ある。また、CBはEBと違い、トラブルが起こりにくい理由も後述する。

**EBは「プットの売り」が付加された普通社債と解釈される。EB購入者は「オプションを売る」のだから「オプションの売却代金分」だけ受取りが多くなるが、「売ったオプションが当たった場合、賞金を支払わねばならず、損失を被る」ことになる。**

　次頁にEBの設定例をあげる。CBとの違いを明確にするために、比較表示する。

〔EBの設定例〕

|  | 他社株転換条項付社債<br>(EB) | 新株予約権付社債<br>(CB) |
| :---: | :---: | :---: |
| 発行会社 | R社 | N社 |
| 転換される株式 | N社（R社とは無関係） | N社 |
| 転換権所有者 | R社 | CB購入者 |
| クーポン | 9.0%（普通社債より高い） | 1.0%（普通社債より低い） |
| 発行価格 | 100円（額面発行） | 100円（額面発行） |
| 転換価格 | 2,000円／株 | 2,000円／株 |
| 残存年数 | 1年 | 1年 |

## EBとCBの違い

まず、投資家にとって目を引くのはEBのクーポンの高さであろう。通常、額面発行されるのでそのまま高利回りを意味する。それと比較するとCBの利回りは低い（普通社債よりも低い）。これはメリットであろう。

忘れてはならないのは「EBの転換請求権は（EB購入者ではなく）発行会社のR社が保有する」ことだ。すなわち、R社にとって有利な場合（＝EB購入者にとって不利な場合）に転換権が行使される。これは、「発行会社のR社がオプションを買い、権利を保有する」「EB購入者がオプションを売り、義務を負う」ことを意味する。CBの場合、転換請求権がCB購入者にあるのと対照的である。

さらに、転換の対象となる株式が、EB発行者のR社と無関係な点が特徴的である。いってみれば、R社とEB購入者は、N社の株価というサイコロを使ってギャンブルしているようなものである。

## EBを買った投資家はどういうときに得する（損する）か

投資家Aが、このEBを発行価格＝額面で100万円分支払って購入したとする（転換社債と異なり、EBは償還前に市場で売買されることはない）。

〔ケース１〕　期日のＮ社株価が転換価格（2,000円／株）より高い2,500円／株だった場合

EB発行会社であるＲ社は、額面で償還するか、Ｎ社株式をEB購入者に引き渡すかの選択権がある。

額面で償還する場合：額面100万円（と利息９万円）をEB購入者に支払う。

Ｎ社株式を引き渡す場合：Ｎ社株式500株を引き渡す（＝額面100万円÷転換価格2,000円／株）。

そのためには現物市場で時価（2,500円／株）で購入しなければならないので2,500円／株×500株＝125万円が必要である。

よって、Ｒ社は負担の少ない「額面で償還」を選択するであろう。

EB購入者は100万円でEBを購入し、社債としての元利合計109万円を得るので、９万円の利益である。Ｎ社の株価がどれだけ高くなっても、EB購入者の受け取る金額は109万円で一定である。

〔ケース２〕　期日のＮ社株価が転換価格（2,000円／株）より低く1,600円／株だった場合

額面で償還する場合：100万円（と利息９万円）をEB購入者に支払う。

Ｎ社株式を引き渡す場合：Ｎ社株式500株を引き渡す（＝額面100万円÷転換価格2,000円／株）。

そのためには現物市場で時価（1,600円／株）で購入しなければならないので1,600円／株×500株＝80万円が必要である。

よってＲ社は負担の少ない「Ｎ社株式を引き渡す」を選択するであろう。

EB購入者は100万円でEBを購入し、Ｎ社株式500株（80万円相当）と利息９万円を受け取る（＊）ので、11万円の損失である。

（＊）　CBとは異なり、株式で受け取る場合でも経過利息を受け取れるよう設定されていることもある。しかし、対象株価が下落した場合、利息も削減されるよう設定されているケースもある。

ケース１、ケース２をチャートに描くと次頁のようになる。「プットの売り」と同じことがわかる。

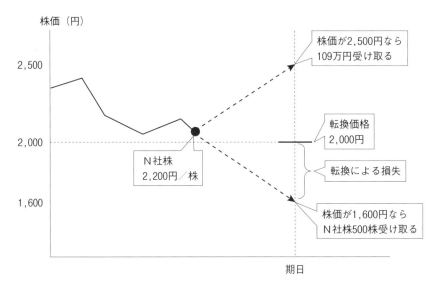

　これを横軸にN社株価、縦軸に「額面100万円購入した場合に受け取る金額」をとったグラフに描くと「プットの売り」の損益線と一致する。

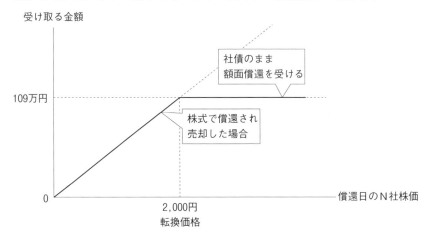

## EBは債券か

　EBを対象株式の株価変動と同じグラフに表してみよう。するとEBの金融商品としての特性が明らかになる。

第6章　隠れているオプション（複合金融商品）

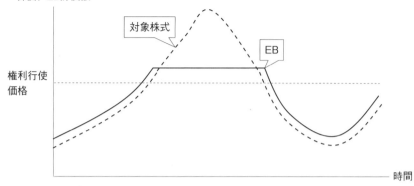

　EBは「株価が下落する場合には株価に連動して下がり続ける」「株価が上昇する場合には社債として上限価格で頭打ちになる」ということが理解できるだろう。このグラフをみたら「だったら現物株式を購入したほうがよいのではないか」と感じる人もいるだろう。

　そのとおり、EBは社債として普通社債と比較して「リスクのある高利回り社債」とみるほかに、株式投資と比較して「利益に上限はあるが、損失に下限のない投資」とみることもできる。

　参考までにCBに関して同様のグラフを示しておく。CBは「低利回り社債」であると同時に「損失に下限が設定されている株式投資」とみることができる。

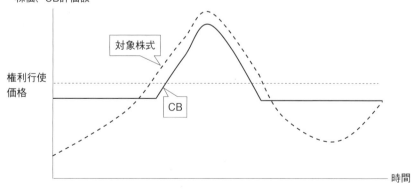

## (3) CBにトラブルが少なく、EBにトラブルが多い理由

　CBは発行者と購入者の利害が一致する稀有な金融商品である。だから株価をめぐり対立することはない。

〔CBの発行者と購入者の思惑〕

| CB発行者 | 株価は上昇してほしい<br>　社債のまま償還するよりは株式に転換してもらいたい<br>　そうすると社債の償還負担はなくなり、増資が達成される |
|---|---|
| CB購入者<br>（投資家） | 株価は上昇してほしい<br>　転換により市場価格より低い転換価格で取得した株式を売却するため、利益が得られる |

　では、株価が上昇したらだれも損をしないのかといえば、それはありえない。株価が上昇したのに低い株価で新株を発行することにより既存株主が損失を被る（株価の下落要因となる。これを希薄化という）(*)。といって、既存株主が株価の下落を望むわけではない。要するに、関係者すべてが株価の上昇を望んでいる点が重要である。

　(*)　極度に有利な転換条件と判断された場合、既存株主から転換社債の発行差止請求が起こされるケースもある。

　一方、EBでは発行者と購入者の利害が対立する（これを利益相反と呼ぶ）。

〔EBの発行者と購入者の思惑〕

| EB発行者 | 株価は下がってほしい<br>　社債のまま償還するよりは他社の株式で償還したい |
|---|---|
| EB購入者<br>（投資家） | 株価は上がってほしい<br>　株価が下がった株式で償還されたくない |

　しかも得失を決定するのは個別銘柄の株価である。大量の買い注文が入れば株価は上昇するし、大量の売り注文が入れば株価は下がる。つまり理屈のうえでは株価は操作しうる。通常、EBの発行会社は金融機関であるので、その資金力から期日の株価を操作したくなる誘惑がつきまとうであろう。

　実際、EBをめぐって2001年に株価操縦で顧客に損害を与えたとして証券

取引等監視委員会が金融庁長官に処分勧告をする事例が発生、2003年にも株式取引の作為的相場形成で金融庁から処分される事例が起きている。

　違法な株価操作でなくとも、「将来株価が下落する」と見込まれる銘柄を選択して、EBの対象株とすることもできる。こうした場合、法律には触れない。しかし、機関投資家間の取引ならばいざ知らず、金融機関対個人投資家、あるいは金融機関対「金融の専門家ではない組織」の間では、このような取引には慎重にならざるをえない。

## (4)　日経平均リンク債

　日経平均リンク債もCBではなく、EBの類似金融商品である。設定にはさまざまなバリエーションが考えられるが、ここでは典型的なものだけ紹介する。

　EBとは下記の項目が異なるが、金融商品としては「日経平均（プット）オプションの売りが組み込まれた高利回り債」であることは変わらない。EBと同様に「高利回りの社債で、償還にいろいろ条件がついている」ではなく、「日経平均プット・オプションの売り」と理解すべきだ。しかも、EB同様、利益相反なので「発行者側も自分の利益が見込める段階で日経平均リンク債を発行するはず（＝購入者の損失が発生）」という観点が重要である。

・転換の対象が個別株式ではなく指数、だから現物交付はなく現金決済
・開始直後はプット・オプションは付与されておらず、設定されたノックイン価格を下回ることでプット・オプションが発生する

　個別株式ほど株価操作しやすくはないが、まったく影響を受けないものではない。そのうえ、大量の日経平均リンク債が発行された場合、期日に「日経平均は下がるに違いない」と期待する周囲の機関投資家が同調することによって日経平均が下がりやすくなることも起こりうる。

### ノックイン・オプション

　ノックイン・オプションとは、日経平均が所定の価格（ノックイン価格）

を下回った場合にはじめてオプションの権利（「オプション」重複）が発生するオプションである。

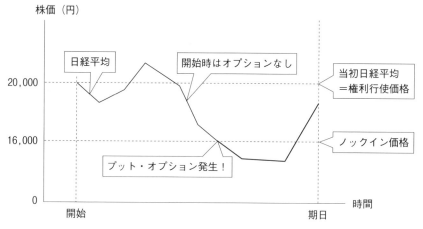

どのようなオプションが発生するかといえば、
・当初日経平均を権利行使価格とするプット・オプション
・社債発行者が「権利を有する（プットを買った）」立場になり、社債購入者は「義務を負う（プットを売った）」立場になる

## 日経平均リンク債を買った投資家はどういうときに得する（損する）か

〔設定例〕

```
額面：100万円
発行価格：100万円
クーポン・レート：7％
期間：1年
ノックイン価格：16,000円
発生するプット・オプションの権利行使価格：当初の日経平均20,000円
```

第6章　隠れているオプション（複合金融商品）　121

〔ケース1〕 期中の日経平均がノックイン価格16,000円を一度も下回らず18,000円だった場合

社債発行者にはプット・オプションが発生しなかったので、たとえ期日の日経平均が権利行使価格20,000円を下回った場合でも（当然ノックイン価格16,000円を下回ってはいけない）、社債として元利合計107万円を受け取れる。

〔ケース2〕 期中の日経平均がノックイン価格16,000円を下回り、その後、日経平均が上昇し、期日に権利行使価格20,000円を上回った場合

社債発行者にはプット・オプションが発生するが、期日の日経平均が権利行使価格20,000円を上回ったのであればプットは外れだから、社債として元利合計107万円を受け取れる。

〔ケース3〕 期中の日経平均がノックイン価格16,000円を下回り、その後、上昇して期日に18,000円だった場合

社債発行者にはプット・オプションが発生、期日の日経平均が権利行使価格20,000円を下回ったのであればプットは当たり、社債発行者は権利行使する。

社債購入者は額面100万円 $\times \dfrac{18,000円}{20,000円} = 90$万円と社債利息7万円の合計97万円を受け取る（注：利息の受取りも設定次第）。期日の終値はケース1と同じ18,000円だが、このケースでは損失が生じる。

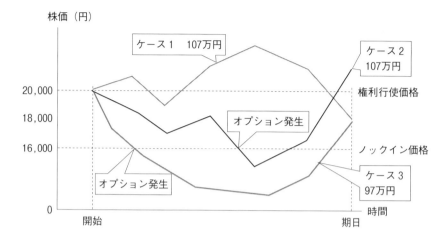

## 補足1 | CBの古典的解釈（パリティ価格、乖離率）

〔CBの設定例〕

| 発行会社 | N社 |
|---|---|
| N社CBの概要 | 発行総額：　　　　　　　　額面100億円<br>払込金額（発行価額）：額面100円当り100円<br>クーポン：　　　　　　　　1.0%（年1回払い）<br>転換価格：　　　　　　　　2,000円<br>残存年数：　　　　　　　　1年 |
| 市場価格<br>（期日前） | CB　　：額面100円当り108円<br>N社株：1株当り2,200円 |

パリティ価格とはCBの「株式の側面」の理論価格で次式で表される。

$$パリティ価格 = \frac{株式の市場価格}{転換価格} \times 100円$$

N社のCBの場合、

$$パリティ価格 = \frac{2,200円}{2,000円} \times 100円 = 110円$$

となる。

パリティとは「CBの額面100円当り、株式に転換して売却した場合の金額」である。

このケースの場合、
・N社のCB額面100億円を全部株式に転換するとN社株式500万株になる
・現在のN社株価が1株当り2,200円だから、売却すると500万株×2,200円／株＝110億円になる

つまり、N社のCB額面100億円はN社株式110億円分になるのである。

ところでCBの市場での価格は額面100円当り108円であり、パリティ価格110円を下回っている。パリティ価格110円と市場価格108円と差を乖離率と称している。

$$乖離率 = \frac{市場価格 - パリティ価格}{パリティ価格}$$

$$= \frac{108円 - 110円}{110円} = ▲1.8\%$$

乖離率がマイナスなので市場価格は理論価格よりも割安と判断することになる。

|注意！| 乖離率がマイナスになることは理論上はありえない。すなわちCB価格がパリティを下回ることはない。この理由については補足2の「CBのオプション的解釈」で明らかにする。

### パリティ価格の注意点

次にN社の株価が1,800円、CB価格が額面100円当り95円というケースでパリティおよび乖離率を計算してみよう。

$$パリティ価格 = \frac{1,800円}{2,000円} \times 100円 = 90円$$

$$乖離率 = \frac{95円 - 90円}{90円} = +5.6\%$$

パリティに基づいた乖離率ではCB価格は理論価格90円よりも高いと判断

したいところである。しかし、この判断は誤っている。なぜならN社の株価が1,800円の時にCBを株式に転換しようという投資家はいないからだ。株式に転換した場合、額面100億円当り受け取る株式数500万株だから総額500万株×1,800円／株＝90億円分にしかならない。しかしCBを転換しないで社債として償還を待てば（デフォルトがない限り）100億円を手に入れられる。つまり、乖離率が＋5.6％であることから割高とは判断できない。

したがってCBの時価が「額面100円当り95円」と額面を下回ることがあれば、デフォルト・リスクが懸念されない限り割安だということになる(*)。

(*) 現実に額面を下回るCBがあれば、ほぼ確実にデフォルトが懸念される社債である。この場合には割安（買えば儲かる）とはいえない。額面100円の償還が実行されるか危ぶまれているのだからCBの時価が額面を割り込んでいるはずだ。

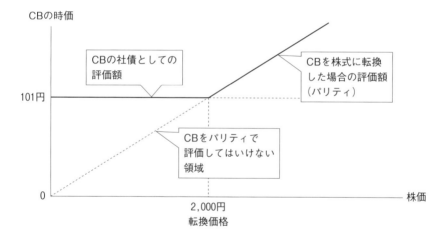

## 補足2　CBのオプション的解釈

現在ではCBを「普通社債にコールの買いが付加されたもの」とみなすオプション的解釈が一般的である。このように解釈することによりCBのもつ本質的価値（＝転換権を行使して株式にすることで得られる利益）だけでなく、

時間価値を含めた価値（転換社債のままで売却することで得られる利益）までも評価できる。これは「第5章　時間価値を含めたオプション損益線」において「権利行使せずオプションのまま売却したほうが利益が大きい」ことと同じである。

### 数値例

| N社CBの概要 | 発行総額： | 額面100億円 |
| :---: | :--- | :--- |
| | 払込金額（発行価額）： | 額面100円当り100円 |
| | クーポン： | 1.0%（年1回払い） |
| | 転換価格： | 2,000円 |
| | 残存年数： | 1年 |
| 市場価格 | 株式： | 2,000円／株 |
| | CB： | 額面100円当り104円 |
| | 個別株式コール・オプション： | 285円 |
| | 1年物金利（無リスク利子率）：5.0% | |

〔古典的解釈による新株予約権付社債の評価〕

① パリティ価格 $= \dfrac{2,000円}{2,000円} \times 100円 = 100円$

② 乖離率 $= \dfrac{(104円 - 100円)}{100円} = +4.0\%$

　古典的解釈では乖離率＋4.0％が大きいのか小さいのか判断することができない。また、乖離率＋4.0％が大きいから、あるいは小さいからといってどうすれば裁定利益が得られるのかわからない。

〔オプション的解釈〕

　オプション的解釈ではCBを「普通社債＋コールの買い」と考える。この数値例の場合、1％クーポン付普通社債額面100億円に、権利行使価格2,000円のコール・オプションが付加された債券と解釈する。

　N社が普通社債を発行した場合、最終利回りは5.0％で発行できるものとしよう。投資家からみると、最終利回り5.0％の金利収入のなかから4.0％部

分でN社の個別株式コール・オプションを購入した、とみなせる。

| N社普通社債 | 元本 | 金利5.0% | |
|---|---|---|---|

| N社CB | 元本 | 金利1.0% | コール購入代金4.0% |
|---|---|---|---|

　以下はオプション部分の金額がイメージしやすいように額面100万円で考えよう。額面100万円を転換した場合、新株500株が発行される（株価2,000円／株×500株＝100万円）。これをコール500枚が付与されると考える。

　　普通社債としての価値
　　＝（額面100万円＋クーポン1万円）÷（1＋5.0％）＝96万1,900円
　　オプション評価部分＝104万円－96万1,900円＝7万8,100円
　　新株予約権付社債についているオプション価格
　　＝7万8,100円÷500枚≒156円／枚

　すると、CBに内蔵されているコール・オプションは、個別株式コール・オプションの市場価格285円よりも安い。この価格差を利用して裁定取引ができる。

　CBを額面100万円買うと同時に、個別株式オプションを500単位売り、安全資産を97万1,400円（＝102万円÷（1＋5.0％））空売りすると、裁定利益が得られる。

| | 現　在 | 1年後 | |
|---|---|---|---|
| | | 株価S＜2,000円<br>権利行使しない | 株価S＞2,000円<br>権利行使する |
| CBの買い | ▲104万円 | 社債として元利償還<br>＋101万円 | 株式に転換して売却<br>＋S円×500株<br>（社債利息1万円はなし） |
| 個別株式コール<br>の売り | 285円×500株<br>＝＋14.25万円 | ±0円 | ▲（S円－2,000円）×<br>500株 |
| 安全資産の売り<br>（借入れ） | 借入（金利5.0％）<br>＋96.19万円 | 元利返済<br>▲101万円 | 元利返済<br>▲101万円 |
| 合　　計 | ＋6.44万円 | ±0円 | ▲1.0万円 |

第6章　隠れているオプション（複合金融商品）

結局、

　株価Ｓ円＜2,000円の時には、＋６万4,400円

　株価Ｓ円＞2,000円の時には、＋５万4,400円（＝＋６万4,400円－１万円）
の利益が得られる。権利行使した場合、債券のままだったら得られるはずの
クーポンを失うので1.0万円だけ小さくなるが、いずれの場合も利益が発生
するので裁定利益といえる。この裁定利益を発見するには古典的解釈である
パリティを計算するだけでは不可能だった。

　古典的解釈とオプション的解釈によるCBの理論価額の違いをグラフに表
すと以下のようになる。ただし、どちらも経営悪化によるデフォルト発生に
よる損失は表現できていないことに注意しなければならない。

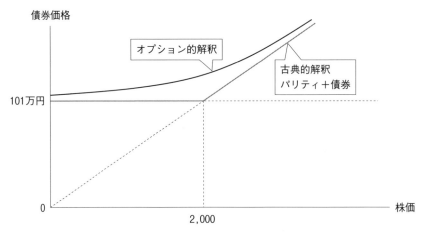

　測定は困難であるがデフォルト・リスクまで表すと以下のようになる。デ
フォルトが懸念される状況では株価がゼロ近くまで下がっていることを反映
している。デフォルト発生時の回収額は担保や第三者保証の有無によって変
わってくる。

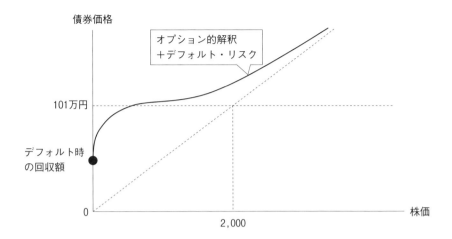

### 補足3　金利オプション（キャップ取引とフロア取引）

キャップ取引

**キャップ取引は、LIBORあるいはTIBOR（\*）等の変動金利を原資産としたコール・オプションの取引である。**

　キャップ（Cap）そのものは上限金利を意味するが、それはキャップ取引が「債務者の支払金利に上限を設定する」場面をイメージしているからである。

（\*）　London Interbank Offered Rate, Tokyo Interbank Offered Rate

**数値例**

　X社は変動金利LIBOR＋0.5％で100億円を借入れしている。変動金利（LIBOR）の上昇を危惧したX社はキャップを購入した。

| キャップ取引の概要 | 原資産： | LIBOR |
|---|---|---|
| | 名目（想定）元本： | 10億円 |
| | プレミアム： | 年率0.1% |
| | ストライク・レート： | 年率1.5% |
| | 期間： | 2年 |
| | 決済： | 半年ごと |

　まず、用語の確認をしよう。プレミアムとはオプション価格（保険料）、ストライク・レートは権利行使価格に相当する。X社はキャップを購入したので、原資産であるLIBORが1.5%以上に上昇した場合、上回った%分だけ受取りが生じる。

　借入れから生じる支払利息と、キャップ取引の損益を含めた損益線を描こう。まずオプションの基本どおりの損益線を描く。

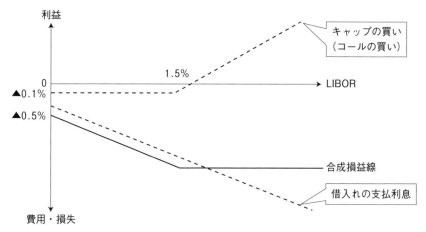

　これがキャップの損益線であるが、これではキャップ（上限）というよりフロア（下限）のようにみえてしまうだろう。「債務者の支払金利に上限を設定する」のが目的なので、縦軸の上下を反転して支払金利を基準に描き直そう。これが慣習的な「キャップ（Cap）」のグラフである。

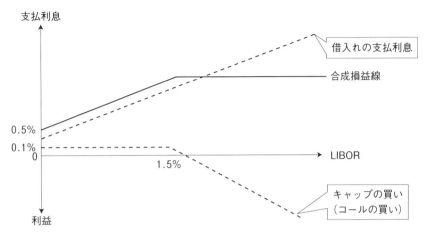

こう表記するとたしかに「(支払)金利に上限を設定する」感じになる。ネーミングはともかく、キャップ取引の本質は金利を原資産としたコール・オプションである。

この数値例の場合、プレミアムの年率0.1％は半年ごとに支払うかたちになり、契約期間の2年間で計4回支払う。これは4回に分けてコール・オプションを購入するのと同じである。半年ごとのプレミアムの支払いに応じた部分をキャプレット（Caplet）と呼ぶ。キャップはキャプレットの集合である。

### フロア取引

**フロア取引は、LIBOR等の変動金利を原資産としたプット・オプションの取引である。**

フロア（Floor）そのものは下限金利を意味するが、それはフロア取引が「資産運用者の受取利息に下限を設定する」場面をイメージしているからである。債務者の立場から資産運用者の立場に場面が変わっていることに注意してほしい。こちらはオプションの基本どおりに描けばよい。

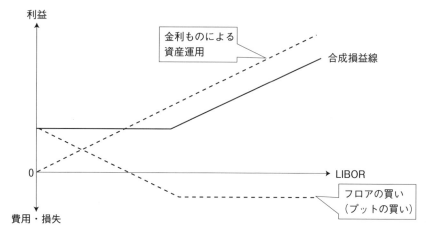

フロアはプロテクティブ・プット（原資産価格の値下がりを防止するためのプットの買い）と同じである。

キャプレット（Caplet）と同様に、フロアもいくつかのプット・オプションの連続である。個々のプット・オプションに対応する部分をフロアレット（Floorlet）と呼ぶ。フロアはフロアレットの集合である。

### カラー取引

カラー（Collar）取引の買い手は上限金利と下限金利の両方を設定し、「上限金利を超えたら受取り、下限金利を下回ったら支払い」という取引である。これは「コールの買い＋プットの売り」からなる合成ポジションと同じである。金利オプションの用語でいえば「キャップの買い＋フロアの売り」となる。当然のことながら取引相手である売り手は買い手の逆のポジション、「上限金利を超えたら支払い、下限金利を下回ったら受取り」になる。

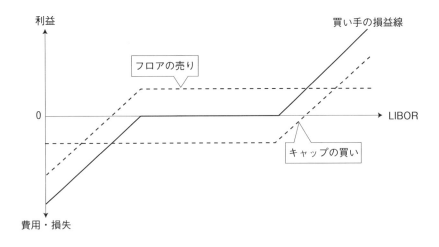

### 補足4　エキゾティック・オプション

上場されている（普通の）コールやプットのオプションをプレーン・バニラ（*）と呼ぶ。

(*)　ソフト・クリームの白いバニラを意味する。ソフトクリームにはバニラのほか、チョコレートやストロベリー、ほかにこれらを組み合わせたミックスがある。これらと対比して「最もシンプルなもの」としてプレーン・バニラという愛称で呼ばれている。

プレーン・バニラには期日まで権利行使できないヨーロピアン・タイプ、期日前に権利行使できるアメリカン・タイプがある。しかし、オプションの多様性は期日までに権利行使できるか否かだけではない。ヨーロピアンでもアメリカンでもない（いわばアジアンやアフリカンのような）プレーン・バニラに分類されないものをエキゾティック・オプションと呼ぶ。ただし、エキゾティック・オプションにも期日前に権利行使できないヨーロピアンと期日前に権利行使できるアメリカンが存在しうる。これらの名称は厳格な分類基準に基づくものではなく、特性に付された名称と理解してほしい。

エキゾティック・オプションは多種多様であり、日々新しいものが登場す

第6章　隠れているオプション（複合金融商品）　133

る可能性を秘めている。ここではバリアー・オプションに分類されるノックイン・オプション、ノックアウト・オプションを取り上げる。

| プレーン・バニラ | コール・オプション<br>プット・オプション | ヨーロピアン・タイプ<br>アメリカン・タイプ |
| --- | --- | --- |
| エキゾティック・オプション | バリアー・オプション | ノックイン・オプション<br>ノックアウト・オプション |
| | ⋮ | |

### ノックイン・オプション、ノックアウト・オプション

ノックイン・オプションとは、**原資産が期間内に所定の価格（バリアー）に達した場合に、「なんらかの権利（オプション）」が生じるオプション**である。いわば「当たると賞金として別の宝くじがもらえる」宝くじである。

「なんらかの権利」の例として、「（シンプルな）コールやプット・オプション」「多めのクーポンを受け取れる」などのバリエーションが考えられる。

（注）下図は「バリアーを上回ったら」オプションが発生するパターンであるが、「バリアーを下回ったら」オプションが発生するパターンもある。

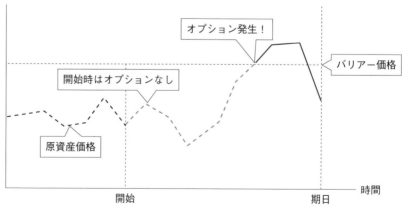

ノックアウト・オプションは、ノックイン・オプションの逆で、当初「なんらかの権利」を有しているのだが、**原資産が期間内に所定の価格（バリ**

アー）に達した場合に「なんらかの権利」が消失してしまうオプションである。

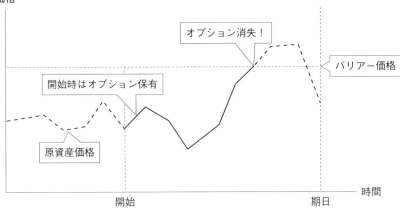

同じ条件のノックイン・オプション、ノックアウト・オプションの両方を購入した場合、原資産価格がどうあろうとも「なんらかの権利」を取得できることになる。

|  | バリアーに達するまで | バリアーに達した場合 |
| --- | --- | --- |
| ノックイン | 「なんらかの権利」なし | 「なんらかの権利」あり |
| ノックアウト | 「なんらかの権利」あり | 「なんらかの権利」なし |
| 合　計 | 「なんらかの権利」あり | 「なんらかの権利」あり |

したがって「なんらかの権利」が通常のオプションである場合には下記の等式が成立する。

　　ノック・イン・オプション＋ノック・アウト・オプション
　　＝プレーン・バニラ（普通のオプション）

次頁の図に示すようにノック・インとノック・アウトの両方を保有すると期間中ずっとオプションを保有することになるので、プレーン・バニラと同じになる。

第6章　隠れているオプション（複合金融商品）

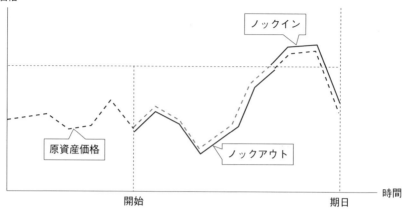

### 先物オプション、スワップション

　オプションは他のデリバティブ（先物やスワップ）と組み合わされることもある。

　日本取引所グループ（JPX）の大阪取引所には長期国債先物を原資産としたオプション取引（オプションを原資産とした先物取引ではない）が上場されている。長期国債先物コール・オプションは先物買いの権利の売買、プット・オプションは先物売りの権利の売買である。

　先物オプションはエキゾティック・オプションではなく、プレーン・バニラに分類されるべきものであるが、デリバティブの組み合わせであること、国内で上場されているアメリカン・タイプの代表格であることから資格試験で取り上げられることが多い。

　**スワップション（スワップ・オプション）**とは金利スワップを原資産とするオプションである。金利スワップは金利予測に基づいて契約されるが、予測したものの強い確信がもてない場合、スワップションを利用することになる。金利スワップ契約を実行する権利を保有しつつ、金利の動向が予測に反した場合には権利を放棄し、予測どおりだった場合には権利を行使して金利スワップを実行するのである。もちろん、オプション・プレミアムがコスト

として発生する。

# 第2部

# 先　物

# 第 7 章

# 株式先物

---- 本章のテーマ ----

先物取引はオプションに比べると「まだわかりやすい」印象がある。しかし、未経験者にとっては「わかったようでわからない取引」であることも確かだ。レバレッジ効果、現物価格との関係や裁定取引の組立てなど先物取引ならではの機能について解説していく。

---

## (1) 先物取引とは

世の中にはさまざまな取引が存在するが、どんな取引であっても「安く買う」＋「高く売る」ことで利益を得られる。この原則は先物取引も同じで、「安く買う」＋「高く売る」ことで利益が得られる。この単純明快な原則さえ忘れなければ先物取引の理解も容易である。

通常の取引（現物取引）に比べて、先物取引のメリットは2つあげられる。

第一は、現物取引の場合には「買ってからでないと売れない」のであるが、**先物取引の場合、「売ってから買う」こと**が可能なことである（これを先物売りと呼ぶ）。「保有していないものを売却する」というのは詐欺のようにも聞こえる行為だが、売りと買いの時間的な並びを入れ替えることができることが先物取引の重要な機能である。それでも利益を得る原則は変わらない。「高く売る」＋「安く買う」である。

[利益を得るパターン]

| | | 現時点 | 将来 | 利益の出る価格変動 |
|---|---|---|---|---|
| 通常の取引（現物取引） | | 安く買う | 高く売る | ↗ |
| 先物取引 | 先物買い | 安く買う | 高く売る | ↗ |
| | **先物売り** | **高く売る** | **安く買う** | ↘ |

先物取引の「現時点」と「将来」の列については{順番を逆にできる}

　「買ってから売る」の順番が逆になると、「儲けるチャンス」が倍増する。**現物の市場価格が下落しても儲けることができるからである。**先物売りという投資手法がなければ「市況がいつまでたっても好転しない」とか、「どこまで下がるかわからないのでこわい」といって投資機会が失われていた。ところが、先物売りを選択した投資家にとっては「このまま下がり続けろ」という願望になる（152頁の「補足1　先物悪玉論」を参照）。市況が好転しても、逆に悪化しても「儲けるチャンス」は常に等しく存在するようになる。

　第二は、「**資金が少なくても取引できる**」ことである。「いま、買えば儲かることがわかっているのに、購入資金がない」というケースである。先物取引はそのような投資家の要望に応える。

### 数値例

　ある商品の現時点の価格が1,000万円で、1,050万円に値上がりするか、960万円に値下がりするかと大方の予想がある。投資家のAさんは「値上がりするだろう」と予測したので、この商品を購入することにした。これを通常の取引（現物取引）を行う場合、取引を開始するのに1,000万円が必要である。Aさんはこう考える、「どうして50万円儲けるために1,000万円も払わねばならないんだ」。

第7章　株式先物　141

|  | 現時点 | 将来 | 合計 |
|---|---|---|---|
| 通常の取引<br>(現物取引) | 買う<br>1,000万円の出金 | 値上がりした<br>1,050万円の入金 | 50万円の利益 |
|  |  | 値下がりした<br>960万円の入金 | 40万円の損失 |

これが大変……

　投資家のBさんもAさんと同様に「値上がりするだろう」と予測した。ところが、この商品を購入するのに必要な1,000万円をもっていない。先物取引はこのように自己資金に乏しいBさんに投資のチャンスを提供するのである。先物市場はBさんにこう提案する。「いまは"買うという約束だけ"でお代は結構です。値上がりしたら、値上がり分の50万円だけ差し上げます。値下がりしたら値下がり分の40万円だけ払ってくださればば結構です」。これが理想の先物市場である。

[理想の先物取引（証拠金なし）]

|  | 現時点 | 将来 | 合計 |
|---|---|---|---|
| 先物買い | 買う<br>(入出金なし) | 値上がりした<br>50万円の入金 | 50万円の利益 |
|  |  | 値下がりした<br>40万円の出金 | 40万円の損失 |

これは魅力！

　ところが、すべての投資家が約束を守ってくれるとは限らない。値下がりして「40万円支払ってください」と請求したところ、Bさんが「金がない」と開き直ってしまった場合、先物取引が成立しなくなってしまう。このような事態を回避するため、先物市場は「取引開始時に40万円だけ担保として差し入れてくださいませんか。Bさんが儲かった場合にはそのままお返ししますし、損された場合には支払いに充当します」とBさんに提案する。Bさん

にしてみれば、「資金が少なくても取引できる」はずなのに、と少しがっかりするが、通常の取引（現物取引）が1,000万円必要なのに比べると「たった40万円なら」と納得がいくだろう。この40万円が先物取引につきまとう証拠金というものである。証拠金40万円で現物1,000万円相当の取引ができることを「25倍のレバレッジ」という。

[実際の先物取引（証拠金あり）]

|  | 現時点 | 将来 | 合計 |
| --- | --- | --- | --- |
| 先物買い | 買う（証拠金40万円支払い） | 値上がりした 90万円入金（50万円＋証拠金） | 50万円の利益 |
|  |  | 値下がりした 入出金なし（証拠金を支払いに充当） | 40万円の損失 |

つまり、冒頭に先物取引の特異性は「資金が少なくても取引できる」と述べたが修正が必要である。実際には「（現物取引と比べると）少額で取引できる」ことが先物取引の特徴である。

これで先物取引はハイリスク（・ハイリターン）であるといわれることも理解できるはずだ。取引開始時に必要な資金（初期投資額）をもとに利回りを計算して、現物買いと比較してみよう。現物買いの場合、リターンは＋5％か▲4％である。一方、先物買いは＋125％か▲100％になる。「少額で取引に参加できること」がハイリスク（・ハイリターン）をもたらしているのだ。

|  | 初期投資額 | 期日 | 利回り |
| --- | --- | --- | --- |
| 現物買い | 1,000万円 | 値上がり | ＋50万円÷1,000万円＝＋5％ |
|  |  | 値下がり | ▲40万円÷1,000万円＝▲4％ |
| 先物買い | 40万円 | 値上がり | ＋50万円÷40万円＝＋125％ |
|  |  | 値下がり | ▲40万円÷40万円＝▲100％ |

先物買いの利回りが現物買いの利回りの25倍になっている。先ほどは投資元本から「25倍のレバレッジ」を説明したが、投資利回りからもレバレッジ

効果が理解できるだろう。

## (2) 先物取引の数値例

下記は2010年6月30日時点の実際の市場データである。これに基づいて、大阪取引所に上場されている日経平均先物を例に具体的に紹介していこう。

[市場データ　2017年8月2日時点]
日経平均終値　20,080円04銭
日経平均先物・大取（日本経済新聞より）

|  | 始値 | 当日始値 | 高値 | 安値 | 終値 | 前日比 | 売買高 | 建玉 |
|---|---|---|---|---|---|---|---|---|
| 17／9月 | 19,970 | 20,050 | 20,100 | 19,950 | 20,070 | +90 | 43,909 | 326,660 |
| 17／12月 | 19,840 | 19,920 | 19,950 | 19,820 | 19,950 | +110 | 347 | 40,222 |
| 17／3月 | 19,800 | 19,880 | 19,900 | 19,800 | 19,980 | +90 | 35 | 3,226 |

### 先物を買う

2017年8月2日に、期日（*1）が2017年9月の先物を終値20,070円で1枚買ったとしよう。「買った」といっても購入代金を支払うことはない（証拠金は預ける必要はあるが）（*2）。

　本章冒頭で強調したように、**先物取引であっても「安く買う」＋「高く売る」の原則で儲けられる**。先物を20,070円で買ったのだ。だから先物価格が値上がりすれば儲かるし、値下がりしたら損をする。

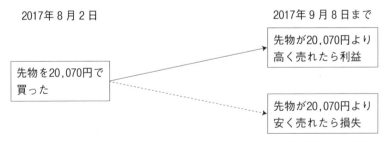

（*1）　期日は限月の第2金曜日。ただし、終値ではなく呼び値（開始値）で最終精算指数（Special Quotation、SQ）と呼ばれる数値に基づいて決済され

(*2) 教科書的な解説では「「先物を買う」とは、期日に先物価格にて原資産を買う約定である。期日に原資産を約定価格で購入し、現物市場で約定価格より高く売却すると利益が得られる」となるがここでは避ける。

先物取引は必ずしも期日まで待つ必要はない。期日前に予想どおり先物価格が上昇したら、先物を売却して損益を確定できる。これを反対売買による決済という。

期日（2010年9月10日）になると差金決済あるいは現物決済（*3）が強制される。大阪取引所の日経平均先物の場合、最終精算指数による差金決済が強制される。

(*3) 先物取引の定義どおり、先物価格を支払って現物を入手することもできる。これを現物決済という。長期国債先物は現物決済である。

9月のSQが予想どおり値上がりして21,000円だったとしよう。その場合、「先物を20,070円で1枚買った」投資家の利益は日経平均先物の取引単位（1枚）が指数の1,000倍なので（*4）、

（SQ−約定価格）×1枚×1,000

＝（21,000円−20,070円）×1枚×1,000＝＋930,000円

となり、現金93万円を受け取ることができる。

予想に反してSQが19,000円と値下がりしてしまった場合、

（SQ−約定価格）×1枚×1,000

＝（19,000円−20,070円）×1枚×1,000＝▲1,070,000円

となり、現金107万円を支払わねばならない。

(*4) 東京証券取引所に上場されているTOPIX先物の場合、指数の1万倍である。日経平均が20,000前後に対しTOPIXが2,000前後だから取引単位を同じにするためであろう。

## 先物を売る

2017年8月2日に、期日が2017年9月の先物を終値20,070円で1枚売るこ

ともできる。「保有していないものを売る」ことに違和感があるだろうが、「買う」と「売る」の順序が逆になっただけと考えればよい。もちろん、先物買いと同様に売却代金が入金されることはない（先物を売った場合にも証拠金は預ける必要がある）。

**先物売りの場合にも、原則どおり「安く買う」＋「高く売る」で儲けられる。「高く売る」が時間的に先行したので、今後は「安く買う」ことができれば儲かる。「後で買う」ことを慣習的に「買い戻す」と表現する。**

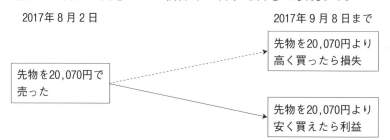

9月のSQが予想に反して21,000円に値上がりしたとしよう。その場合、「先物を20,070円で1枚売った」投資家の損失は、

　　（約定価格－SQ）×1枚×1,000

　　＝（20,070円－21,000円）×1枚×1,000＝▲930,000円

となり、現金93万円を支払わなければならない。

9月のSQが投資家の予想どおり19,000円と値下がりした場合、

　　（約定価格－SQ）×1枚×1,000

　　＝（20,070円－19,000円）×1枚×1,000＝＋1,070,000円

となり、現金107万円を受け取ることができる。

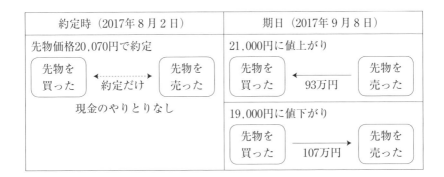

## (3) 先物の理論価格

先物価格もオプション価格同様、裁定理論によって決定される。裁定理論は理屈ではなく、現実の裁定利益を追求した取引圧力がもたらす結果である。よって、まず先物取引をめぐる裁定取引から始めよう。

**数値例**（数値は架空）

日経平均（現物）　20,000円
期日まで残存：　　6カ月
日経平均先物　　　20,000円
短期金利：　　　　6.0%（年率）

「第1部　オプション」で登場した裁定取引のプロセスを再掲する。

〔裁定取引のプロセス〕

1. 同じ結果（決済）をもたらす2つの異なる取引（金融商品）で、その2つの取引（金融商品）の取引コスト（価格）に差があるものを発見する。
2. コスト（価格）の高いものを売り、安いものを買えば裁定利益が得られる。

いま、先物取引をめぐる裁定取引を考えているので、「先物取引と同じ結果をもたらす別の金融商品」を見つけないといけない。これはオプションよりも簡単である。先物取引の理想は「資金なしで日経平均を買う」ことであった。自己資金がないのなら借金すればよい。「日経平均先物を買う」ことは「借金して日経平均（現物）を買う」のと同じ取引なのだ。

では数値例に従い、金利6.0％で20,000円の借入れをして日経平均（現物）を買おう。

|  | 開始時点 | 期　日 ||
|---|---|---|---|
|  |  | 日経平均が18,000円 | 日経平均が23,000円 |
| 先物買い | （先物価格20,000円）<br>±0円 | 現物18,000円 − 先物20,000円<br>＝▲2,000円 | 現物23,000円 − 先物20,000円<br>＝＋3,000円 |
| 借入れして<br>現物買い | 借入れ　＋20,000円<br>現物買い▲20,000円<br>±0円 | 借入返済　▲20,000円<br>現物売却　＋18,000円<br>利子支払い　▲600円（＊）<br>▲2,600円 | 借入返済　▲20,000円<br>現物売却　＋23,000円<br>利子支払い　▲600円（＊）<br>＋2,400円 |

（＊）　20,000円×6.0％×（6カ月／12カ月）＝600円

　裁定取引のプロセスの第1ステップで「同じ結果をもたらす2つの異なる取引」となっているが、期日には「先物買い」と「借入れして現物買い」では同じ結果にならない。しかし、ここで注目してほしいのは、取引開始時点では両者とも資金を必要とせず、結果は日経平均が上昇しても下落しても「利子支払分600円分」だけ「借入れして現物買い」が不利である。逆にいえば、先物買いが有利である。もし、先物買いに450円だけ支払い（証拠金ではなく、返金されないもの）があったとしても、「借入れして現物買い」と同じ結果になる。ところが先物買いにはそのような支払いは不要である。よって「先物買い」のほうが450円だけ安いと判定できる。後は、裁定取引のプロセスの第2ステップに移ればよい。「高いものを売り、安いほうを買う」だけである。安いのは先物買いだから先物を買う。

　問題は高いほうの「借入れして現物買い」であるが、これを「売る」とはどういうことか。初学者がとまどうのはこの一点であろう。「借入れして現物買い」を売るとは、「借入れして現物買い」の逆の取引を意味する。

では、「**借入れして現物買い**」の現金の流れをみてみよう。

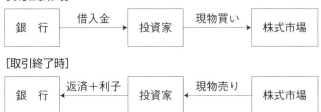

「借入れして現物買い」の逆の取引とは、「**現物空売りして預金**」を意味する。

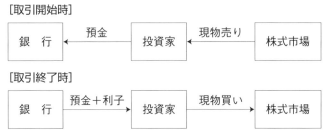

現金の流れが「借入れして現物買い」とは逆になっていることがわかるだろう。「**空売り**」**とは、保有していない株式（この場合、日経平均ETF）を代金を受け取って「後日にその時の時価で買い取る」行為である**。先物取引と似ているが、現物買いと同様に、売買に伴って入出金が生じるところが先物取引と違う。

なお理論上、「空売り制限はなく、無リスク利子率で貸付（預金）もできる」「借入制限はなく、無リスク利子率でいくらでも借入れできる」という仮定が登場する。これは裁定取引をしようと思ったら無制限にできることを意味している。

それでは、「先物買い」＋「現物空売りして預金」が裁定取引であることを示そう。

|  | 開始時点 | 期　日 | |
|---|---|---|---|
|  |  | 日経平均が18,000円 | 日経平均が23,000円 |
| 先物買い | （先物価格20,000円）<br>±0円 | 現物18,000円－先物20,000円<br>＝▲2,000円 | 現物23,000円－先物20,000円<br>＝＋3,000円 |
| 借入れして<br>現物買い | 預金　　　　▲20,000円<br>現物空売り＋20,000円<br>±0円 | 借入返済　　＋20,000円<br>現物買い　　▲18,000円<br>利子受取り　　＋600円<br>＋2,600円 | 借入返済　　＋20,000円<br>現物売却　　▲23,000円<br>利子受取り　　＋600円<br>▲2,400円 |
| 合　計 | ±0円 | ＋600円 | ＋600円 |

　表のように「初期投下資金なし」で、「期日の日経平均が値上がりしても値下がりしても」、一定金額600円を取得できる。この600円が裁定利益である。この金額は「現物の空売りで得た資金を預金することで発生した利息で、空売りによる価格変動リスクは先物買いでヘッジすることにより利益を確定させた投資技法である」とまとめることができる。

　裁定取引に気がつけば投資家は殺到するであろう。買われたもの、すなわち先物の価格は上昇するだろうし、売られたもの、すなわち現物（日経平均）は下落するだろう。この取引圧力は裁定利益が生じなくなるまで続くだろう。ここでは簡略化して「先物だけが上昇する」と仮定する。すると先物価格が20,600円まで上昇すると裁定利益が生じなくなる。この状態の先物価格が先物の理論価格である。

|  | 開始時点 | 期　日 | |
|---|---|---|---|
|  |  | 日経平均が12,000円 | 日経平均が18,000円 |
| 先物買い | （先物価格20,600円）<br>±0円 | 現物18,000円－先物20,600円<br>＝▲2,600円 | 現物23,000円－先物20,600円<br>＝＋2,400円 |
| 借入れして<br>現物買い | 預金　　　　▲20,000円<br>現物空売り＋20,000円<br>±0円 | 借入返済　　＋20,000円<br>現物買い　　▲18,000円<br>利子受取り　　＋600円<br>＋2,600円 | 借入返済　　＋20,000円<br>現物売却　　▲23,000円<br>利子受取り　　＋600円<br>▲2,400円 |
| 合　計 | ±0円 | ±0円 | ±0円 |

　この裁定利益が生じない段階の先物理論価格と現物価格を比べてみよう。

開始時点

| 先物の<br>理論価格 | 現物価格 | 差　額<br>（ベーシス） |
|---|---|---|
| 20,600円 | 20,000円 | 450円<br>（＝20,000円×6.0%×（6カ月／12カ月））<br>キャリーコスト |

　先物理論価格－現物価格＝現物価格×金利×期間
　よって、

**先物理論価格＝現物価格＋現物価格×金利×期間**

という理論式が得られる。もちろん、投資家の立場ではこの理論式が成立しないこと（＝裁定取引のチャンスがあること）を期待している。投資家は市場の先物価格（≠理論価格）と現物価格の差額（ベーシスと呼ぶ）が、現物価格×金利×期間（キャリーコストと呼ぶ）と一致しているかどうかに注目しているのだ。

　キャリーコストに出てくる期間は、現時点から先物の期日までの期間である。よって**時間の経過に伴ってキャリーコストは小さくなっていき、期日には残存期間がゼロになるのでキャリーコストはゼロになり、先物の理論価格と現物価格は一致する**。もし「期日に先物価格と現物価格が一致しない」事態が生じると、裁定取引を目的としている投資家だけでなく、ヘッジ目的で先物取引をしている投資家にとって「先物取引がヘッジ機能を果たさない」状況が生じることになる。しかし、一致しなければ裁定取引が可能になるので、そのような状況が生じることはない。

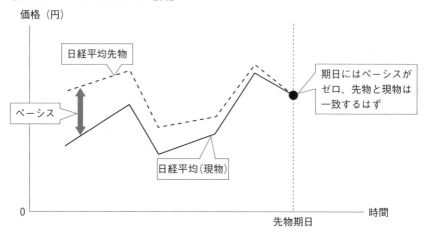

## 補足1　先物悪玉論

　「先物の市場価格＜現物価格＋キャリーコスト」という状況の場合、裁定利益を狙う「先物買い、現物空売り」という取引圧力が先物価格の上昇をもたらすと説明したが、「先物理論価格＝現物価格＋キャリーコスト」が成立するためには「先物価格の上昇」ではなく「現物価格の下落」でも等式は成立する。

　もし、「先物価格の上昇」よりも「現物価格の下落」の効果のほうが顕著に現れるとしたらどうなるだろうか。先物市場の投機的な投資家が「現物市場の価格下落を予想して」先物を売りまくった結果、先物の価格が下落して「先物の市場価格＜現物価格＋キャリーコスト」となる。それが「先物価格の上昇」ではなく「現物価格の下落」をもたらすと、投機的な先物売りは成功してしまう。そうすると、市場はさらに悲観的になり先物市場・現物市場ともに下落するというスパイラル状態に陥る。

　この状況は上昇方向にも生じうる。先物買いにより現物市場の価格が高騰することになる。これが「先物取引により現物市場の価格変動性（ボラティ

リティ、リスク）が大きくなってしまう」という先物悪玉論であり、「先物取引は規制すべき」という主張の論拠になっていた。

逆に、先物価格と現物価格の変動性に偏りがなければ、先物取引はむしろ現物市場の価格変動性を抑制する効果があることになる。現実はどちらだ、ということになると実証的研究（過去のバブル崩壊期の日経平均先物の現物市場への影響等の分析）によれば悪玉論に否定的なものもある。感情論や先入観から先物取引の規制を行うとヘッジ機能を失いかねないことにも留意すべきだろう。

### 補足2　配当利回りの影響

上記では、先物買いに比べて現物を買うには取得資金コストが発生するのが短所だと指摘した。しかし、現物買いには先物買いにない長所がある。それは「配当が受け取れる」ということである。配当の受取りはある時点で確定する（権利落ちという）のであるが、配当を受け取るまではあたかも受取利息のように株価に上乗せされる（配当を受け取る権利が確定した時点で株価が配当分だけ下落する）。

金利は短所、配当は長所、逆方向の要因であるから先物の理論価格の式は以下のように修正される。

**先物理論価格＝現物価格＋現物価格×（金利－配当利回り）×期間**
**（ただし、配当利回り＝予想配当÷現物価格）**

2017年8月2日時点の市場データをみると先物価格が現物価格（20,080円04銭）を下回っており、先物価格も期日が先のものほど安くなっている。これはキャリーコストがマイナスであることを意味する。つまり、金利＜配当利回りである。これは日銀のゼロ金利政策の影響であろう。

[2017年8月2日時点]

日経平均（現物）終値　20,080円04銭

|  | 始値 | 当日始値 | 高値 | 安値 | 終値 |
|---|---|---|---|---|---|
| 17／9月 | 19,970 | 20,050 | 20,100 | 19,950 | 20,070 |
| 17／12月 | 19,840 | 19,920 | 19,950 | 19,820 | 19,950 |
| 17／3月 | 19,800 | 19,880 | 19,900 | 19,800 | 19,980 |

## (4) 先物によるヘッジ取引

　保有している株式ポートフォリオが日経平均と完全に一致するのであれば、日経平均先物を売却することにより値下がりによる損失を補てんできる。

### ◆数値例1

　日経平均に完全に連動する株式ポートフォリオで100億円を資産運用している投資家が、「2017年12月8日まで株式市場は下落するかもしれない」と危惧を感じた。日経平均先物を利用してヘッジすることを検討している。

[2017年9月29日時点]

| 日経平均（現物） | 20,356円 |
|---|---|
| 日経平均先物（2017年12月限月） | 20,340円 |

　日経平均が2017年12月8日までに±10％変動した2通りのシナリオを考えよう。株式ポートフォリオは日経平均に完全に連動するので、日経平均が18,320円（▲10％）になると90億円に値下がりし、日経平均が22,392円（＋10％）になると110億円に値上がりする。

|  | 2017年9月29日 | 2017年12月8日 | |
|---|---|---|---|
| 日経平均（現物） | 20,356円 | 18,320円（▲10%） | 22,392円（＋10%） |
| 株式ポートフォリオ | 100億円 | 90億円（▲10%）<br>10億円の損失 | 110億円（＋10%）<br>10億円の利益 |

　「日経平均が18,320円（▲10%）になると90億円に値下がり」した時の損失10億円を補てんするために先物取引を考えよう。そのために「日経平均先物1枚を売る」場合の損益を計算しよう。日経平均先物は期日には現物価格と一致するはずである。

|  | 2017年9月29日 | 2017年12月8日 | |
|---|---|---|---|
| 日経平均先物<br>（2017年12月限月） | 20,340円 | 18,320円 | 22,392円 |
| 先物1枚を売る | ±0円/枚 | （20,340円－18,320円）<br>×1,000＝＋202万円/枚 | （20,340円－22,392円）<br>×1,000＝▲205.2万円/枚 |

　「先物1枚を売る」と「日経平均が18,320円（▲10%）の時に202万円利益が生じる」。だから「日経平均が18,320円（▲10%）の時に10億円利益が生じる」ようにするためには、

　　10億円÷202万円≒495枚

売ればよいことがわかる。

|  | 2017年9月29日 | 2017年12月8日 | |
|---|---|---|---|
| 日経平均先物<br>（2017年12月限月） | 20,340円 | 18,320円 | 22,392円 |
| 日経平均先物<br>495枚を売る | ±0円 | （20,340円－18,320円）<br>×1,000×495枚<br>≒＋10億円 | （20,340円－22,392円）<br>×1,000×495枚<br>≒▲10.2億円 |

　以上の計算をまとめると、下記のようになる。

|  | 2017年9月29日 | 2017年12月8日 | |
|---|---|---|---|
| 日経平均（現物） | 20,356円 | 18,320円（▲10%） | 22,392円（+10%） |
| 株式ポートフォリオ | 100億円 | ▲10億円 | +10億円 |
| 日経平均先物<br>495枚を売る | ±0円 | +10億円 | ▲10.2億円 |
| 合　計 |  | 0億円 | ▲0.2億円 |

　2017年12月8日に日経平均が▲10%になった場合に保有する株式ポートフォリオの損失10億円を、先物売りによる利益10億円で補てんできる。

　しかし、日経平均が+10%になった場合に保有する株式ポートフォリオの利益10億円を、先物売りによる損失10.2億円で失うことにもなる。

### 名目元本の意味

　「日経平均先物を1枚20,340円で495枚を売る」ということだから、

　　20,340円×495枚＝100.68億円

という金額を計算できる。別にこの金額をだれかとやりとりするわけではない。ただ、「日経平均先物を1枚20,340円で495枚を売る」ということを「日経平均先物を100.68億円分売る」とも表現する。この100.68億円を「名目元本」と呼ぶ。

　日経平均と完全に連動する株式ポートフォリオ100億円をヘッジするためには、同額（100.68億円）の名目元本分の先物を売ればよい、と表現される。

## 数値例2

　「$\beta$が1.3」の株式ポートフォリオ100億円をヘッジするには、TOPIX先物を何枚売ればよいか。

[2017年9月29日時点]

| TOPIX（現物） | 1674.75 |
|---|---|
| TOPIX（2017年12月限月） | 1675.5 |

「株式ポートフォリオの $\beta$ が1.3」とは「TOPIXが＋10％上昇」した場合、「株式ポートフォリオがその1.3倍、すなわち＋13％増加」することを意味する。

厳密には、

(株式ポートフォリオ－無リスク利子率) ＝ $\beta$ ×(TOPIX－無リスク利子率)

であるが、現時点の低金利と期間が2カ月くらいであることから無リスク利子率≒0なので、

(株式ポートフォリオ) ≒ $\beta$ ×(TOPIX)

とできる。もともと「株式ポートフォリオの $\beta$ が1.3」が誤差なく株式ポートフォリオの変動を表すものではない。

どうして突然日経平均（先物）からTOPIX（先物）に変わったのか。それは $\beta$ が市場全体（TOPIX）に対して定義されるからである。ただし、日経平均（先物）とTOPIX（先物）はほぼ連動するので、実務上は許容される誤差の範囲内に収まるので $\beta$ （ベータ）を用いて表現された場合でも日経平均先物と同様の議論ができる。

2017年12月8日までにTOPIXが±10％変動した2通りのシナリオを考えよう。

|  | 2017年9月29日 | 2017年12月8日 | |
| --- | --- | --- | --- |
| TOPIX（現物） | 1674.75 | 1507.28（▲10％） | 1842.22（＋10％） |
| 株式ポートフォリオ（$\beta$ ＝1.3） | 100億円 | 87億円（▲13％）<br>13億円の損失 | 113億円（＋13％）<br>13億円の利益 |

そのために「TOPIX先物1枚を売る」場合の損益を計算する。日経平均先物が1,000倍なのに対し、TOPIX先物は1万倍であることに注意。TOPIX先物も期日には現物と一致するはずである。

第7章 株式先物　157

|  | 2017年9月29日 | 2017年12月8日 | |
|---|---|---|---|
| TOPIX先物<br>（2017年12月限月） | 1675.5 | 1507.28 | 1842.22 |
| 先物1枚を売る | ±0円／枚 | (1675.5 − 1507.28)<br>×10,000＝＋1,682,200円／枚 | (1675.5 − 1842.22)<br>×10,000＝▲1,667,200円／枚 |

「先物1枚を売る」と「TOPIXが1507.28（▲10％）の時に1,682,200円利益が生じる」。だから「TOPIXが1507.28（▲10％）の時に13億円利益が生じる」ようにするためには、

　　　13億円÷1,682,200円≒773枚

売ればよいことがわかる。

|  | 2017年9月29日 | 2017年12月8日 | |
|---|---|---|---|
| TOPIX先物<br>（2017年12月限月） | 1675.5 | 1507.28 | 1842.22 |
| TOPIX先物<br>773枚を売る | ±0円 | (1675.5 − 1507.28)<br>×10,000×773枚<br>≒＋13億円 | (1675.5 − 1842.22)<br>×10,000×773枚<br>≒▲12.9億円 |

以上の計算をまとめると、下記のようになる。

|  | 2017年9月29日 | 2017年12月8日 | |
|---|---|---|---|
| TOPIX（現物） | 1674.75 | 1507.28（▲10％） | 1842.22（＋10％） |
| 株式ポートフォリオ<br>（$\beta$=1.3） | 100億円 | ▲13億円 | ＋13億円 |
| TOPIX先物<br>773枚を売る | ±0円 | ＋13億円 | ▲12.9億円 |
| 合　計 |  | 0億円 | ＋0.1億円 |

　2017年12月8日にTOPIXが▲10％になった場合に保有する株式ポートフォリオの損失13億円を、先物売りによる利益13億円で補てんできる。

　しかし、TOPIXが＋10％になった場合に保有する株式ポートフォリオの利益13億円を、先物売りによる損失12.9億円で失うことにもなる。

### 名目元本からの計算

βが1.3の株式ポートフォリオ100億円は、TOPIXに完全に連動する（β＝1）株式ポートフォリオ130億円と同じ損益を生じる。

TOPIXに完全に連動する（β＝1）株式ポートフォリオ130億円をヘッジするためには、同額（130億円）の名目元本分の先物を売ればよい。

130億円÷（1675.5×10,000）＝775.88

上記の計算で得られた「773枚を売る」とは誤差があるものの、ほぼ必要売却枚数が得られた。

これまでは、「株式ポートフォリオを保有していないのと同じ状況」をつくりだすために先物を売ってきた。これをフルヘッジ（100％ヘッジ）と呼ぶ。先物取引にはフルヘッジ以外に「ポートフォリオのβを調整する（大きくしたり小さくしたりする）」ということができる。

### 数値例3

「βが1.3」の株式ポートフォリオ100億円を「βを0.5」にするためには、TOPIX先物を何枚売ればよいか。

[平成29年9月29日時点]

| TOPIX（現物） | 1674.75 |
|---|---|
| TOPIX（2017年12月限月） | 1675.5 |

調整前の「株式ポートフォリオのβが1.3」とは「TOPIXが10％下落」した場合、「株式ポートフォリオがその1.3倍、すなわち13％減少」することなので100億円から13億円の損失が生じる。

これを「βが0.5」に修正したいというのだから、100億円から5億円の損失が生じるように調整したい。つまり8億円の利益が生じるようにTOPIX先物を売ればよい。

|  | 2017年9月29日 | 2017年12月8日 | |
|---|---|---|---|
| TOPIX（現物） | 1674.75 | 1507.28（▲10%） | 1842.22（＋10%） |
| 株式ポートフォリオ<br>（$\beta=1.3$） | 100億円 | 87億円（▲13%）<br>13億円の損失 | 113億円（＋13%）<br>13億円の利益 |
| 株式ポートフォリオ<br>（$\beta=0.5$） | 100億円 | 95億円（▲5%）<br>5億円の損失 | 105億円（＋5%）<br>5億円の利益 |
| 差額 |  | ＋8億円 | ▲8億円 |

そのために「TOPIX先物1枚を売る」場合の損益を計算しよう。日経平均先物が1,000倍なのに対し、TOPIX先物は1万倍であることに注意。TOPIX先物も期日には現物と一致するはずである。

|  | 2017年9月29日 | 2017年12月8日 | |
|---|---|---|---|
| TOPIX先物<br>（2017年12月限月） | 1675.5 | 1507.28 | 1842.22 |
| 先物1枚を売る | ±0円／枚 | (1675.5−1507.28)<br>×10,000＝＋1,682,200円／枚 | (1675.5−1842.22)<br>×10,000＝▲1,667,200円／枚 |

「TOPIXが1507.28（▲10%）の時に8億円利益が生じる」ようにするためには、

　　8億円÷1,682,200円≒476枚

売ればよいことがわかる。

|  | 2017年9月29日 | 2017年12月8日 | |
|---|---|---|---|
| TOPIX先物<br>（2017年12月限月） | 1675.5 | 1507.28 | 1842.22 |
| TOPIX先物<br>476枚を売る | ±0円 | (1675.5−1507.28)<br>×10,000×476枚<br>≒＋8億円 | (1675.5−1842.22)<br>×10,000×476枚<br>≒▲7.9億円 |

以上の計算をまとめると、下記のようになる。

|  | 2017年9月29日 | 2017年12月8日 | |
|---|---|---|---|
| TOPIX（現物） | 1674.75 | 1507.28（▲10%） | 1842.22（＋10%） |
| 株式ポートフォリオ<br>（β＝1.3） | 100億円 | ▲13億円 | ＋13億円 |
| TOPIX先物<br>476枚を売る | ±0円 | ＋8億円 | ▲7.9億円 |
| 合　計 |  | ▲5億円 | ＋5.1億円 |

「βが1.3」の株式ポートフォリオ100億円を保有したままで、TOPIX先物476枚を売ることで「βが0.5の株式ポートフォリオ100億円」を保有しているのと同じ損益が生じるようにできた。

### 名目元本からの計算

βが1.3の株式ポートフォリオ100億円は、TOPIXに完全に連動する（β＝1）株式ポートフォリオ130億円と同じ損益を生じる。

一方、「βが0.5の株式ポートフォリオ100億円」は「TOPIXに完全に連動する（β＝1）株式ポートフォリオ50億円」と同じである。

つまり、「βが1.3の株式ポートフォリオ100億円をβ＝0.5にしたい」というのは、「TOPIXに完全に連動する（β＝1）株式ポートフォリオ130億円のうち、80億円分だけヘッジして50億円分だけ残したい」というのと同じである。

TOPIXに完全に連動する（β＝1）株式ポートフォリオ80億円をヘッジするためには、同額（80億円）の名目元本分の先物を売ればよい。

　　80億円÷（1675.5×10,000）＝477.47

上記の計算で得られた「476枚を売る」とほぼ同じ必要売却枚数が得られた。

### 数値例4

「βが1.3」の株式ポートフォリオ100億円を「βを1.8」にするためには、TOPIX先物を何枚買えばよいか。

|  | 2017年9月29日 | 2017年12月8日 | |
|---|---|---|---|
| TOPIX（現物） | 1674.75 | 1507.28（▲10%） | 1842.22（＋10%） |
| 株式ポートフォリオ（β＝1.3） | 100億円 | 87億円<br>▲13億円（▲13%） | 113億円<br>＋13億円（＋13%） |
| 株式ポートフォリオ（β＝1.8） | 100億円 | 82億円<br>▲18億円（▲18%） | 118億円<br>＋18億円（＋18%） |
| 差　額 |  | ▲5億円 | ＋5億円 |

これまでと違って「TOPIXが上がった時に利益が得られるように先物取引をしたい」のであるから、「先物を買う」ことになる。

|  | 2017年9月29日 | 2017年12月8日 | |
|---|---|---|---|
| TOPIX先物<br>（2017年12月限月） | 1675.5 | 1507.28 | 1842.22 |
| 先物1枚を買う | ±0円／枚 | (1675.5－1507.28)<br>×10,000＝▲1,682,200円／枚 | (1675.5－1842.22)<br>×10,000＝＋1,667,200円／枚 |

「TOPIXが1842.22（＋10%）の時に5億円利益が生じる」ようにするためには、

　　5億円÷1,667,200円≒300枚

買えばよいことがわかる。

|  | 2017年9月29日 | 2017年12月8日 | |
|---|---|---|---|
| TOPIX先物<br>（2017年12月限月） | 1675.5 | 1507.28 | 1842.22 |
| TOPIX先物<br>300枚を買う | ±0円 | (1507.28－1675.5)<br>×10,000×300枚<br>≒▲5億円 | (1842.22－1675.5)<br>×10,000×300枚<br>≒＋5億円 |

以上の計算をまとめると下記のようになる。

|  | 2017年9月29日 | 2017年12月8日 | |
|---|---|---|---|
| TOPIX（現物） | 1674.75 | 1507.28（▲10％） | 1842.22（＋10％） |
| 株式ポートフォリオ<br>（β＝1.3） | 100億円 | ▲13億円 | ＋13億円 |
| TOPIX先物<br>300枚を買う | ±0円 | ▲5億円 | ＋5億円 |
| 合　計 |  | ▲18億円 | ＋18億円 |

「$\beta$が1.3」の株式ポートフォリオ100億円を保有したままで、TOPIX先物300枚を買うことで「$\beta$が1.8の株式ポートフォリオ100億円」を保有しているのと同じ損益が生じるようにできた。

### 名目元本からの計算

$\beta$が1.3の株式ポートフォリオ100億円は、TOPIXに完全に連動する（$\beta$＝1）株式ポートフォリオ130億円と同じ損益を生じる。

一方、「$\beta$が1.8の株式ポートフォリオ100億円」は「TOPIXに完全に連動する（$\beta$＝1）株式ポートフォリオ180億円」と同じである。

つまり、「$\beta$が1.3の株式ポートフォリオ100億円を$\beta$＝0.5にしたい」というのは、「TOPIXに完全に連動する（$\beta$＝1）株式ポートフォリオ130億円から180億円になるように、50億円分だけ増やしたい」というのと同じである。

TOPIXに完全に連動する（$\beta$＝1）株式ポートフォリオ50億円分の損益を得るためには、同額（50億円）の名目元本分の先物を買えばよい。

50億円÷（1675.5×10,000）＝298.4枚

上記の計算で得られた「300枚を買う」のとほぼ同じ必要売却枚数が得られた。

# 第 8 章

# 外貨先物（為替予約）

---- 本章のテーマ ----

　普通の日本国民にとって最も身近な外貨建て取引は外貨建て預金であろう。しかし、「外貨でする預金、ただし為替リスクには注意」という理解は正しくないと考える。一見、デリバティブとは無縁にみえる金融商品も、デリバティブとして解釈すると「正しい理解」が得られるという好例のひとつである。

　外貨先物（為替予約ともいう）および外貨建て取引に関連する経済学の基礎的な知識とともに、デリバティブとして解釈することの有効性を紹介する。

---

## (1) 金利平価　為替予約付ドル金利vs円金利

### ▮数値例

　100億円を1年間、日本と米国の金利もので運用することを比較しよう（税金は無視する）。

　日本金利：年1.0％

　米国金利：年3.0％

　現在の為替レート（直物）：1ドル＝100円

〔日本で運用すると……〕

　100億円×（1＋1.0％）＝101億円

〔米国で運用すると……〕

・STEP 1……100億円をドルに換える。
　100億円÷100円／ドル＝1.00億ドル（＊）
・STEP 2……ドル金利で運用する。
　1.00億ドル×（1＋3.00％）＝1.03億ドル
・STEP 3……ドルを円に換える。
　1.03億ドル×（1年後のドル価格）＝円ベースの回収額
　（＊）　現実の円からドル、ドルから円への交換レート（ドル価格）は同じではなく、仲介機関の為替手数料収入相当のスプレッドが設定されている。資格試験では「円からドル」の交換レートはTTS、「ドルから円」の交換レートはTTBが用いられる。これらの意味と理解の仕方は次節(2)「TTSとTTB」を参照してほしい。

　円ベースの回収額は1年後のドル価格で決定され、どちらで運用したほうがよいかが変わる。これがいわゆる為替リスクである。

　そこで、1年後のドル価格をドルの先物売りで確定して為替リスクを回避しよう（これを「カバー付き」という）。ところでドルの先物価格はいくらになるだろうか。仮に、先物価格を1ドル＝101円としよう。するとSTEP 3は「1.03億ドル×101円／ドル＝104.03億円」となり、「日本で運用するよりも米国で運用したほうが有利」となる。

　話は「米国で運用したほうが有利」では終わらない。この状況を利用して裁定取引が可能になるのである。これまで裁定取引の原則は「安く買い、高く売る」であったが、**金利ものに関しては「低い金利で借金をし、高い金利で運用する」**と表現したほうがわかりやすい。

　先物価格が101円／ドルの場合、「日本で100億円を借りて、ドルの先物売りをしながら米国で運用する」ということになる。以下が裁定取引の概要である。

|  | 現　在 | 金　利 | 1年後 |
|---|---|---|---|
| 日本金利での借金 | +100億円 | +1.0% | ▲101.00億円 |
| ドルの先物売り＋米国金利での運用 | ▲100億円÷100円／ドル＝1.00億ドル | +4.0% | 1.04億ドル×101円／ドル＝+104.03億円 |
| 合　計 | ±0億円 |  | +3.03億円 |

（注）　ここでは為替手数料を無視し、同じ金利で借入れも運用もできるものと仮定している。

　さて、裁定取引が可能ならこの取引は裁定利益が得られる限り反復継続されるであろう。日本金利での借入れが増えることで日本金利の上昇、米国金利での運用が増えることで米国金利の低下が起こるのであろうが、ここではドルの先物価格にだけ注目する。上記の取引はドルの先物売りを含んでいる。ドルの先物売りが活発になれば先物価格は下落するはずだ。その下落は上記の裁定利益がゼロになるまで持続するだろう。

| 先物価格101円／ドルのとき裁定利益が得られる | 裁定利益＝▲101億円－(1.04億ドル×101円／ドル)　＝+3.03億円 |
|---|---|
| 裁定利益がゼロになる先物価格F円／ドルは…… | 裁定利益＝▲101億円－(1.04億ドル×F円／ドル)　＝±0億円　∴F円／ドル＝101億円÷1.04億ドル＝97.12円／ドル |

　ドルの先物価格は97.12円／ドルで落ち着くはずだ。もし、先物価格が97.12円／ドル未満になると裁定取引の方向が逆になり、「ドルの先物買いをしながら米国で借りて日本で運用する」ことで裁定利益が得られる。よって先物価格は買い圧力で価格が上昇し、97.12円／ドルで落ち着くはずだ。

　整理すると、

$$\text{ドル先物価格} = \frac{1+\text{日本金利}}{1+\text{米国金利}} \times \text{ドル直物（現物価格）} \quad (*)$$

$$\text{ドル先物価格} = \frac{1+1\%}{1+4\%} \times 100\text{円} = 97.12\text{円}$$

(＊) 上式は正確ではあるが、簡便的に100円／ドル×｛1＋（1％－4％）｝＝97円／ドルと表示されることが多い。金利差だけドル価格が変動することを意味したいからである。

以上の議論をまとめると、

**日本で運用（円金利）＝ドルの先物売り＋米国で運用（ドル金利）**

これは、「為替手数料を無視、同じ金利で借入れも運用もできるものと仮定」という前提で得た結論である。為替手数料を考慮し、借入れと運用の金利差もあるものとすると、

日本で運用（円金利）＞ドルの先物売り×米国で運用（ドル金利）

となってしまう。ドル建て定期預金にドルの売り予約（ドルの先物売り）を付して為替リスクを回避しようとすると円建て定期預金よりも低い利回り（おそらく損失が生じる）になってしまう現実と符合している。

## (2) TTSとTTB

本節では外貨先物から離れて外貨取引の常識を解説する。外貨取引になじみのない人が資格試験にチャレンジした場合に混迷するのが、TTSとTTBである。

・TTS（Telegraphic Transfer Selling Rate、対顧客電信売相場）
・TTB（Telegraphic Transfer Buying Rate、対顧客電信買相場）
・TTM（Telegraphic Transfer Middle Rate、仲値）

「（米国ドルの）TTSはTTMに1円に足す、TTBはTTMから1円引く」
「「円からドル」の交換レートはTTS、「ドルから円」の交換レートはTTB」
と記憶すべきルールとして押しつけられても覚えるのは簡単ではない。しかし、このテーマも「慣習的に説明に失敗している」だけで、ちょっと説明の方法を考えればあっというまに「記憶しなくてもよい（当然の）ルール」であることに気がつくだろう。

まず25頁の第1章(6)「オプションは損害保険でもある」を参照して「為替レートは逆の逆ではなく、株価や不動産価格と同じで、数字が大きくなれば

ドル高、数字が小さくなればドル安」であることを理解しよう。

次に、「スーパーが大根を仕入れて売る」ことをイメージしてほしい。大根1本84円で仕入れたスーパーは、客に仕入価格の84円よりも高い価格、たとえば1本86円で売る。差額の2円がスーパーの儲けである。これを「何てあくどい商売をするんだ」と非難する人はいないだろう。

ドルをめぐる取引も同じである。「大根1本84円」を「ドル紙幣1ドル84円」と置き換えればよいだけである。

**客からみると金融機関からドルを購入するとき（「円からドル」の交換レート）は高めの価格、金融機関にドルを売却するとき（「ドルから円」の交換レート）は低めの価格となる。**当然であろう。

あとは名称である。ここでは証券アナリスト試験など資格試験で一般的な設定に従って解説する。TTM（仲値）は85円／ドル、仕入価格（TTMから1円／ドル引いた84円／ドル）をTTB（買値）、販売価格（TTMから1円／ドル引いた84円／ドル）をTTS（売値）と呼ぶ。

〔ルール〕

安い価格で仕入れて⇔TTB＝TTM－1円（BはBuying）

高い価格で売る　　⇔TTS＝TTM＋1円（SはSelling）

仲値を表示してスプレッド（±1円など）で売値と買値を決める方式を、マーケットメイク方式と呼ぶ。米国株式市場のNASDAQでも採用されてい

る。

## (3) 購買力平価説

為替レートは変動する。変動する株価を確実に予測する方法は存在しないのと同様に為替レートを確実に予測する方法は存在しない。しかし、経済学において「長期的な水準をみると過去の実績において為替レートと連動する」と認められた要因がある。それはインフレ率格差であり、「**（長期的には）インフレ率格差が為替レートの変動率を決定する**」と考えるのが相対的**購買力平価説である。**

前述の先物レートの数値例を再掲しよう。

数値例

|  | 名目金利 |
| --- | --- |
| 米国 | 4.0% |
| 日本 | 1.0% |

現在の為替レート（直物）：1ドル＝100円

ところでどうして（名目）金利格差があるのだろうか。ここで「国際的な実質金利（後述の「補足」を参照）は等しいはず」という仮定を導入する。米国の予想インフレ率は＋2.0％（インフレ）、日本の予想インフレ率は▲1.0％（デフレ）と推定される。米国はインフレだから高金利（あるいはインフレを抑制するために金利を高めに設定していると解釈してもよい）、日本はデフレだから低金利（あるいはデフレ対策のために金利を低めに設定している）。

|  | 名目金利 | 予想インフレ率 | 実質金利 |
| --- | --- | --- | --- |
| 米国 | 4.0% | ＋2.0% | ＋2.0% |
| 日本 | 1.0% | ▲1.0% | ＋2.0% |
| 格　差 | ＋3.0% | ＋3.0% | ±0.0% |

**相対的購買力平価説は「インフレ率の高い国の通貨価値は下落する」と考える**（*）。極端な例で考えれば納得しやすいだろう。財政危機に陥り国債がデフォルトを起こしてしまった国では、紙幣の増刷により猛烈なインフレが発生している。この国の通貨の価格は暴落するだろう。穏やかなインフレ率格差でも同じ方向の変化が生じると考える。すなわち、1年後のドル価格はインフレ率格差3.0%だけ低下すると考える。結局、1年後のドル価格は100円／ドル×（1 −3.0%）＝97円／ドルになると予測する。

> （*）　相対的購買力平価説で注意すべき点は「長期的な変動」を対象としていることである。ここでいう長期とは会計基準で用いられる1年基準ではなく、5〜10年のレベルである。したがって、「年内のドル価格は？」という問に対して購買力平価説を用いて予測しようとするのは無理がある。
> 　　また相対的購買力平価説の特異性にも留意してほしい。相対的購買力平価説は「インフレ率格差だけ」で決まると主張しているのだ。金利も景気も貿易収支すら関係がなく、ただただインフレ率格差だけで決まるという。そんなはずはないと思うのだが、少なくとも変動相場制に移行してからの超長期の円ドル相場の変動は有効に説明できている。

ここでドルの先物価格と、相対的購買力平価説による1年後の直物価格を比べてみよう。

・先物価格……金利差を利用した裁定取引の結果

　　100円／ドル×｛1 +（1% − 4%）｝＝97円／ドル

・1年後の直物価格……相対的購買力平価説に基づき予想インフレ率格差から

　　100円／ドル×｛1 +（1% − 4%）｝＝97円／ドル

つまり、理論的には「ドルの先物売りしなくても、1年後の直物は先物売りしたのと同じ結果になる」ことを示唆している。先物価格のほうは短期的に厳密に成立するが、相対的購買力平価説は長期の水準であり、かつインフレ率に対する予想も絡むことから、短期的に必ず実現するとは限らない。これが為替リスクが存在する原因であるともいえる。

しかしである、「長期的には相対的購買力平価説は成立している」のだから、バラツキがある（リスクがある）とはいえ、その平均値は「先物売りし

たのと同じ」になると考えられる（＊）。であれば、

　　日本で運用（円金利）＝ドルの先物売り＋米国で運用（ドル金利）

　　　　　　　　　　　　　　　　　　　　　　　　　　（カバーあり）

　　　　　　　　　　　≒米国で運用（ドル金利）　　　（カバーなし）

となるはずだ。すなわち、日本人が（円ベースで）米国金利の水準に誘惑されてドル金利で資産運用したとしても為替レートの理論的な変動が実現すれば、日本で運用した結果と同じになる、ということである。

（＊）　実証的研究によれば、その平均値は「先物売りしたのと同じ」よりもドル建て運用のほうが有利になっているそうだ。これを「フォワード・レート・バイアス」と呼ぶ。

では、日本人が（円ベースで）ドル建て資産で運用することは理論的には意味がないのであろうか。そんなことはない。円ベースで資産運用した場合、文字どおり国内の低金利どおりの結果しか実現しない。ノーチャンスである。しかし、ドル・ベースで運用した場合、平均値は円ベースの運用結果になるかもしれないが、いわゆる為替リスクが存在するので円ベースの運用結果を上回る可能性が生じる（もちろん、下回る可能性も生じることはいうまでもない）。

**ドル建て預金の理論的な可能性・優位性はドル建て金利の高さではなく、為替リスクによるリターンを期待することである。**

つまり「米国金利が高いからドル建て預金を購入すべき」「米国金利が低下したのでドル建て預金の魅力は低下した」と考えるのは理論的ではないのである。日本人が期待すべきリターンは、米国金利にかかわらず、為替リスクによってもたらされるリターンだけなのである。

---

### 補足　名目金利と実質金利

1980年代前半（バブル期）と2000年代前半（景気低迷期）の住宅ローン金利を比較したのが下記である（数値は架空）。いうまでもなくバブル期の住宅

ローン金利は高く、低迷期では住宅ローン金利は低い。

| 時　期 | 住宅ローン金利 |
|---|---|
| 1980年代前半（バブル期） | 7 % |
| 2000年代前半（低迷期） | 3 % |

　ここで質問である。どちらの時代のほうが住宅が売れただろうか。住宅ローン金利だけを考慮すれば、もとより低いほうがよいのだから、景気低迷期のほうが住宅を取得しやすいはずである。ところがその時代の不動産価格上昇率も考慮すると話は違ってくる。

| 時　期 | 住宅ローン金利 | 不動産価格上昇率 | 実質負担 |
|---|---|---|---|
| 1980年代前半（バブル期） | 7 % | +10% | ▲3 % |
| 2000年代前半（停滞期） | 3 % | ▲2 % | +5 % |

　バブル期の不動産価格の高騰を年10％上昇、景気低迷期のデフレスパイラル下の不動産価格下落率を2％とする。両方の時代で1,000万円の住宅を頭金なし全額ローンで取得することを、住宅ローン金利と不動産価格上昇率の両方を考慮しながら比較してみよう。

　バブル期に1,000万円の住宅ローンを抱えると、1年後には金利7％だけ増加して元利合計1,070万円に借金がふくらむ。しかし、その一方で1,000万円の住宅は1年後には時価が1,100万円に値上がりしている。もし、取得した住宅を1年後に売却して借金を返済したら、1,100万円を手にしてそのうち1,070万円を返済に充当すればよいのだから、30万円儲かってしまうことになる。不動産価格の高騰期の住宅取得に伴う実質的な負担は1,000万円に対して▲30万円、つまり▲3％であるといえる。

一方、景気低迷期に1,000万円の住宅ローンを抱えると1年後には金利3％だけ増加して元利合計1,030万円になる。バブル期に比べれば金利は半分以下である。しかし、1,000万円の住宅は1年後には時価が980万円に値下がりしている。もし、取得した住宅を1年後に売却して借金を返済したら980万円の入金に対して1,030万円返済しなければならないから50万円損をしてしまう。不動産価格の下落期の住宅取得に伴う実質的な負担は1,000万円に対して＋50万円、つまり＋5％であるといえる。

　経済学では住宅ローン金利を名目金利、不動産価格上昇率を含めた実質負担を実質金利（＊）と呼ぶ。**名目金利と実質金利の関係式をフィッシャー関係式という。**

　　**実質金利＝名目金利－予想インフレ率**

（＊）　正確には資産インフレ率ではなくGDPデフレータ等を用いる。しかし、経済的な意義に変わりはない。

　重要なことは、住宅を取得するかしないか（経済活動の実態）には、名目金利ではなく実質金利が強く影響することである。

　前述の「国際的な実質金利は等しい」というのは、もし実質金利の低い国があればその国での資金調達（債券発行）が盛んになり金利が上昇していくだろうし、実質金利の高い国があればその国での資金運用（債券購入）が盛んになり金利が下落していくだろう。結局、国際的な実質金利は等しくなるはずだ、という仮定である。

　いうまでもなく、この命題が成立するためには国際的な資金の移動が自由であること、カントリー・バイアス（国に対する先入観、戦争等の社会不安）がないことが大前提である。

---

### 補足　米国金利が高いとドル高になるのかドル安になるのか

　購買力平価説による為替レート（直物）の将来の変化は、「金利の高い国の通貨は安くなる」というものだった。特に、**金利平価説による先物価格に**

関しては「金利の高い国の通貨の先物は直物より安い」が明確に成立する。

ところで、読者の皆さんは「米国の金利上昇はドル高要因」という話を聞いたことがあるはずだ。これは前述の「金利と為替レートの変化の関係」と逆ではないのだろうか。

実は、どちらも理論的に正しい。2つの文章の違いをグラフで解説しよう。

〔説1〕「金利の高い国の通貨は安くなる」

前述の例のように「米国金利4％、日本金利1％」の場合、年率3％でドル価格が徐々に下落していくはずである（理論どおりにはならない部分が為替リスクとして現れるが……）。

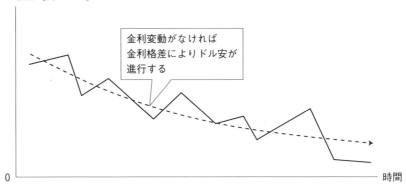

〔説2〕 米国の金利上昇はドル高要因

上図が「米国金利4％、日本金利1％」の金利格差はあるものの金利に変化はないのに対し、今度は「米国金利が4％から5％に上昇が生じた場合」である。金利変化に対する為替レートの変化は急激・即時的である。金利格差と金利変化の意味の違いと、為替レートに対する影響をイメージできただろうか。

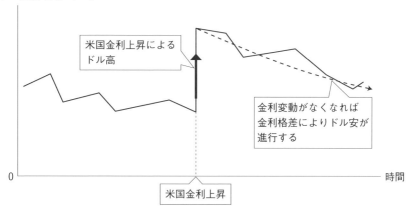

## (4) ドル預金を先物取引として理解する

ドル預金は「ドルで預金するのだから、為替リスクに注意しなければならないんですよね」という理解が一般的ではないだろうか。しかし、このような理解では「円預金は円金利が目当て」を無謀に拡張して「ドル預金は米国金利が目当て」となってしまう。「ドル預金の理論的な可能性・優位性は米国金利の高さではなく、為替リスクによるリターンを期待すること」、すなわち、

　　円預金＝ドル預金＋ドルの先物売り（≒ドル預金）

であることを解説した。上式は以下のように変形できる。

　　ドル預金＝円預金－ドルの先物売り
　　　　　　＝円預金＋ドルの先物買い

つまり、**ドル預金はドルを買うのだから「ドル高になると儲かり、ドル安になると損をする」のであり「ドルの先物買い」が含まれ、「為替リスクをドルの先物売りでヘッジすると円金利しか残らない」**ことを示している。ドル預金は、いわば証拠金率100％でレバレッジ効果がない先物取引なのだ。

このように解釈すれば「ドル預金の米国預金金利が目当て」という解釈が誤っており、「米国金利の高低に限らず、為替リスクにチャンスを見出す」

ための金融商品であることが理解できるはずだ。このような個人投資家の理解不足だけではなく、外貨建て預金の外貨ベース金利を大きく表示し、「為替リスクにご注意ください」と小さい文字でただし書きする金融機関のパンフレットや新聞広告にも問題があると考える。

# 第3部

## スワップ

# 第 9 章

# 金利スワップ

---- 本章のテーマ ----

　スワップ（SWAP）は文字どおり「交換」である。市場取引ではなく相対取引が原則なので、取引当事者さえ合意すれば「何でも」交換の対象としうる。今後、新商品の開発が期待される分野であろう。
　ここでは、最も基本的なスワップである金利スワップとFRAに関して解説する。

---

## (1) 金利スワップの仕組み

　金利スワップは固定金利と変動金利の交換をする。A社の立場からみると「変動金利を支払い、固定金利を受け取る」、B社の立場からみると「固定金利を支払い、変動金利を受け取る」、という契約をA社・B社間で交わす。

　実際には両方向の資金移動があるわけではなく、相殺して資金移動が行われる。金利が上昇して変動＞固定となった場合には、変動金利の受取りを選択したB社に利益が発生し、変動＞固定になるまで金利が上昇しなかった場合には、固定金利の受取りを選択したA社に利益が発生する。

## (2) スワップ・レートの理論値

契約の段階でキーになるのは固定金利（固定レート）のほうである。変動金利は「上がるか下がるかわからない」から決めようがないからである。スワップ取引においてキーになる固定金利（固定レート）をスワップ・レートと呼ぶ。以下にスワップ・レートの理論値の算出方法を紹介する。

### 数値例

現時点（X0年）での金利（直物）は以下のとおりである。

|  | 最終利回り | 債券価額<br>（額面100円当り） |
|---|---|---|
| 残存1年割引債 | 3.00% | 97.087円 |
| 残存2年割引債 | 4.00% | 92.456円 |
| 残存3年割引債 | 5.00% | 86.384円 |

この状況で「期間3年の金利スワップ」を考えてみよう。A社が受け取る（B社が支払う）固定金利（スワップ・レート）をF％とする。「期間3年だったら残存3年割引債の最終利回り5％と一致するだろう」と思われがちだが、そう単純にはいかない。

理論上は、「固定金利の受取りの現在価値合計＝変動金利の受取りの現在価値合計」になる水準で固定金利（スワップ・レート）F％が決まる。

|  | 固定金利の受取り | 変動金利（*）の受取り |
|---|---|---|
| 1年後の受取り | F円 | $L_1$円 |
| 2年後の受取り | F円 | $L_2$円 |
| 3年後の受取り | F円 | $L_3$円 |

（*）具体的には1年もの円LIBOR等である。

## 変動金利の受取りの現在価値合計

変動であるから、受け取る金額$L_1$円、$L_2$円、$L_3$円はいくらになるかわからない。ところがこの$L_1$円、$L_2$円、$L_3$円の現在価値合計は現時点で決定できる。それは下記のような取引を組み立てることで求められる。

まず、現時点で額面100円分の残存3年割引債を94.23円で空売りする。同時に、1年もの円LIBORで100円を運用する。変動金利を$L_1$％とすると1年後には（$100+L_1$）円が入金される。この入金金額のうち100円で再び同時に1年もの円LIBORで100円を運用する。この時の変動金利が$L_2$％とすると2年後には（$100+L_2$）円が入金される。この入金金額のうち100円で再び1年もの円LIBORで100円を運用する。3年後には（$100+L_3$）円が入金される。この入金額のなかから100円を支払って空売りした債券の買戻しを行う。

|  | 残存3年割引債を額面100円購入 | 1年もの円LIBORで運用 | 1年円ものLIBORで運用 | 1年円ものLIBORで運用 | 合計 |
|---|---|---|---|---|---|
| 現時点 | ＋86.384円 | ▲100円 |  |  | ▲13.616円 |
| 1年後 |  | ＋（$100+L_1$）円 | ▲100円 |  | ＋$L_1$円 |
| 2年後 |  |  | ＋（$100+L_2$）円 | ▲100円 | ＋$L_2$円 |
| 3年後 | ▲100円 |  |  | ＋（$100+L_3$）円 | ＋$L_3$円 |

取引全体をみると「現時点」で13.616円を支払うことで、その後各年に$L_1$円、$L_2$円、$L_3$円を受け取れる。これは$L_1$円、$L_2$円、$L_3$円の現在価値合計が13.616円であることを意味する。

## 固定金利の受取りの現在価値合計

現時点で残存1年割引債、残存2年割引債、残存3年割引債を各々額面F円分だけ購入すると、今後3年間毎年F円だけ受け取れることが確定する。

| | 残存1年割引債を額面F円購入 | 残存2年割引債を額面F円購入 | 残存3年割引債を額面F円購入 | 合　計 |
|---|---|---|---|---|
| 現時点 | ▲$C_1$円 | ▲$C_2$円 | ▲$C_3$円 | ▲$(C_1+C_2+C_3)$円 |
| 1年後 | ＋F円 | | | ＋F円 |
| 2年後 | | ＋F円 | | ＋F円 |
| 3年後 | | | ＋F円 | ＋F円 |

固定金利の受取りの現在価値合計とは、現時点での支払額 ($C_1+C_2+C_3$) 円を意味する。
よって、

$C_1$円 ＋ $C_2$円 ＋ $C_3$円

$$=\frac{F円}{(1+3\%)^{1年}}+\frac{F円}{(1+4\%)^{2年}}+\frac{F円}{(1+5\%)^{3年}}=2.759\times F円$$

と計算できる。

「固定金利の受取りの現在価値合計＝変動金利の受取りの現在価値合計」となるようにFを決定するので、

13.616円＝2.759×F円

よって、F＝4.93%となる。3年ものの割引債の最終利回り5.00%よりも低い。

もし3年目の1年もの円LIBORが5.40%だったとすると、スワップ・レートとの差額5.40%－5.00%＝0.40%がA社からB社に支払われる。%は判明したが、送金されるのは円単位である。いったいいくら送金されるのであろうか。金額に換算するときに使われるのが名目元本（あるいは想定元本、Nominal Amount）(*) である。名目元本はスワップ契約締結時に設定され

る。ここでは名目元本が1億円であったとしよう。1億円の0.40％相当額、すなわち40万円がA社からB社に支払われる。

> （＊）　名目元本は資産・負債（債券・債務）として実在する必要はない。あくまでも金利に連動して決定される「名目上」の金額の基準にすぎず、いわば架空の金額なのである。

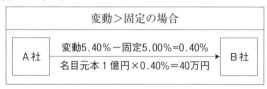

## (3) 金利スワップの目的（動機）

　金利スワップ取引の概要はおわかりいただけただろうか。次に、どのような目的で金利スワップが行われるのか紹介しよう。

〔目的その1〕　投機

　金利動向の予測に自信があり、その予測に基づいて収益をあげようとする場合に金利スワップは利用される。投機目的と呼ばれる、最もわかりやすい動機である。

| 金利上昇を予測 | 変動金利受取り、固定金利支払い |
| 金利停滞あるいは下落を予測 | 固定金利受取り、変動金利支払い |

〔目的その2〕　金利の変更

　すでに負っている負債の金利をスワップを利用することで「固定から変動へ」、あるいは「変動から固定へ」転換できる（＊）。これも金利動向の予測に基づくもので、投機と類似しているといえなくもない。

> （＊）　資産から生じる受取利息についても同様にできる。すなわち「固定金利の受取り」を「変動金利の受取り」に転換できるし、その逆も可能である。

　下図左は、A社が社債発行により7％の固定金利で資金調達している状況である。ここで、A社は「固定金利を変動金利に転換したい」と考えた。そ

こでB社との間で「固定金利7％受取り、変動金利LIBOR＋0.25％支払い」の金利スワップ契約をB社と交わした（下図右）。A社は、全体でLIBOR＋0.25％の変動金利の支払いになっている。

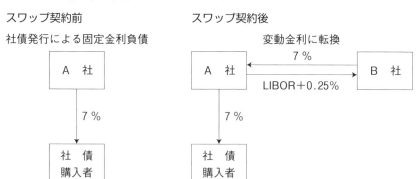

「固定金利を変動金利に転換」するにはスワップを利用しない方法もある。社債を買い戻して（買入償還）して、銀行からの短期借入れに乗り換えるという方法もそのひとつである。コストと実現可能性により方法を選択することになるだろう。スワップの長所として、スワップ契約を「1年間」だけに限定することができることや、「全額ではなく一部だけ」といった調整が自在にできることがあげられる。もちろん、スワップにも短所はある。想定している条件に応じてくれる取引相手が見つかるか、契約を履行してもらえるかなどである。

〔目的その3〕　金利の軽減

　固定金利と変動金利の転換を望まないにもかかわらず、あえてスワップ契約を交わすことで資金調達コストを引き下げることが可能な場合がある。

　A社はB社に比べ格付が高いので、資金調達において固定・変動ともに金利が低い。A社は変動金利を、B社は固定金利を希望している。

|  | A社 | B社 |
|---|---|---|
| 格付 | 高い | 低い |
| 希望金利 | 変動 | 固定 |
| 社債発行した場合（固定金利） | 3.00% | 4.00% |
| 銀行借入れした場合（変動金利） | LIBOR＋0.50% | LIBOR＋1.00% |

　スワップ取引を利用しなければ、A社の調達金利は銀行借入れによるLIBOR＋0.50%、B社の調達金利は社債発行による4.00%になる。

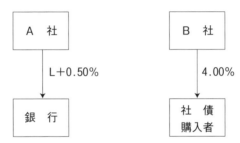

　しかし、ここでA社とB社がスワップ契約を交わすことでA社もB社も資金調達コストを引き下げられる。まず、A社、B社ともあえて希望とは逆のかたちで資金調達し、その後にスワップ契約により金利を交換する。

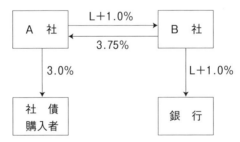

　全体として、A社の資金調達コストはL＋0.25%、B社は3.75%になる。

|  | A社 | B社 |
|---|---|---|
| 原負債 | 社債発行　　　　3.00% | 銀行借入れ　　　L＋1.00% |
| スワップ | 支払い　　　　L＋1.00%<br>受取り　　　　▲3.75% | 受取り　　　▲(L＋1.00)%<br>支払い　　　　　3.75% |
| 合　計 | L＋0.25% | 3.75% |

　スワップを利用しない場合に比べてA社、B社とも0.25%ずつ調達コストを引き下げることができている。

　A社・B社合計で0.5%の金利削減に成功したわけであるが、どうしてこのようなことが可能になったのか。それは**A社とB社の固定金利と変動金利の金利格差に差があることが原因である。変動金利に格差1.00%と固定金利の格差0.50%の差異0.50%を0.25%ずつA社とB社で分け合ったのである。**もし、金利格差が一致していればスワップを利用した金利軽減は不可能である。

|  | A社 | B社 | 金利格差 |
|---|---|---|---|
| 社債発行した場合<br>（固定金利） | 3.00% | 4.00% | ▲1.00% |
| 銀行借入れした場合<br>（変動金利） | LIBOR＋0.50% | LIBOR＋1.00% | ▲0.50% |

→一致するはず！

　なお、この取引結果はA社にもB社にもコスト削減（利益）がもたらされ、「デリバティブ取引はゼロサムである」という原則に反しているようにみえるが、ここでも原則は成立している。すなわち、A社、B社だけでなく、社債購入者・銀行を含めると、スワップをした場合では資金提供側（社債購入者・銀行）が0.50%損をしているのである。

〔目的その4〕　格付改善への期待

　企業格付が現時点では低いが将来改善が予想される場合、スワップを組み合わせた資金調達が有利になる。

　現時点で格付が低い場合に、社債を発行してしまうと長期にわたり高いコ

ストで調達することになる。かといって短期の銀行借入れを繰り返すと変動金利に悩まされる。「将来の格付改善を期待しつつ長期の固定金利による資金調達」を実現したい場合には、「短期借入れの繰り返し」に「変動金利の受取り、固定金利の支払い」というスワップ取引を組み合わせればよい。将来格付が高くなった時点で、銀行との交渉で借入金利を引き下げることが可能になるだろう。

### (4) FRA（Forward Rate Agreement、金利先渡契約）

　FRAも固定金利と変動金利を交換するスワップ契約であるが、前述の一般的な金利スワップと異なるのは「金利交換が（現時点からではなく）将来時点からスタートする」点である。**金利スワップの先物取引のようなものであるが、相対取引なので（市場取引の）先物取引ではなく先渡契約という用語が用いられる。**

数値例

現時点での金利

| 残存年数 | 最終利回り | 価額 |
|---|---|---|
| 1年もの割引債 | 2.00% | 98.04円 |
| 2年もの割引債 | 3.00% | 94.26円 |

　2年後に「1年もの変動金利L％」と「1年もの固定金利F％」を交換したい（これをFRAと呼ぶ）。「1年もの固定金利F％」はいくらになるか。

　まず、「2年後の「1年もの変動金利L円」」を考えてみよう。もちろん、L円がいくらになるかは2年後の状況次第である。しかし、2年後のL円の取得に必要な現時点でのコストは確定できる。

　まず、現時点で1年もの割引債を価格98.04円を支払って額面100円分購入する。1年後、100円が入金される。これを1年後の1年もの割引債を価格100円分購入する（この利回りが変動金利L％である）。すると2年後には100

＋L円だけ受け取れる。結局、現時点で98.04円を支払うことで2年後に変動金利を含めた100＋L円だけ受け取れる。

|  | 現　在 | 1年後 | 2年後 |
|---|---|---|---|
| 1年もの割引債の購入 | ▲98.04円 | ＋100円 |  |
| 1年もの割引債の購入 |  | ▲100円 | ＋(100＋L)円 |
| 合　計 | ▲98.04円 |  | ＋(100＋L)円 |

次に、2年後の固定金利F円を考えよう。これは簡単、2年もの割引債を購入すればよい。それを変動金利とあわせて（100＋F）円受け取るように購入しよう。

|  | 現在 | 1年後 | 2年後 |
|---|---|---|---|
| 2年もの割引債の購入 | ▲ ① 円 |  | ＋(100＋F)円 |

2年もの割引債の最終利回りは3％だから、

　① ＝ (100＋F) ÷ (1＋3％)$^{2年}$ ＝ 0.9426 × (100＋F) 円

となる。

FRAでは現時点での現金の受渡しは生じない。それは変動金利を受け取るコストと固定金利を受け取るコストが同じであるとするためだ。すなわち、

　98.04円 ＝ 0.9426 × (100＋F) 円

が成立することである。これよりF＝4.01となる。

2年後に「1年もの変動金利L％」を受け取り、「1年もの固定金利F％」を支払うとした場合、FRAは下記の債券取引と同じである。

第9章　金利スワップ

|  |  | 現在 | 1年後 | 2年後 |
|---|---|---|---|---|
| 変動金利L％の受取り | 1年もの割引債の購入 | ▲98.04円 | +100円 |  |
|  | 1年もの割引債の購入 |  | ▲100円 | +(100+L)円 |
|  | 小　計 | ▲98.04円 |  | +(100+L)円 |
| 固定金利F％の支払い | 2年もの割引債の空売り | +98.04円 |  | ▲(100+F)円 |
| 合　計 |  | ±0円 |  | +(L−F)円 |

　もちろん、L円は2年後にしか確定しないが、Fは4.01円（4.01％）として契約が交わされる。すなわち、2年後の変動金利が4.01％より低ければ受取りが生じ、4.01％より高ければ支払いが生じる。

# 第10章

# 通貨スワップ

---- 本章のテーマ ----

通貨スワップも金利スワップとともに代表的なスワップである。金利スワップと同様、裁定モデルによって価格が決定される。何ともない計算であるが、資格試験等で出題されると、事前学習なしの受験生は必ず行き詰まってしまうので要注意である。

---

## (1) 通貨スワップの概要

通貨スワップは文字どおり、ある通貨と別の通貨を交換することである。数値例で解説しよう。

### 数値例

期間　　　：3年
想定元本：100万ドル（9,500万円、為替レート95円／ドル）
ドル金利：6.000%
円金利　　：3.034%

［開始時］

A社はB社に9,500万円を貸し付ける（支払う）。同時に、A社はB社から100万ドルを借入れする（受け取る）。A社は9,500万円の貸付金と、100万ド

ルの借入金を有することになる。取引相手のB社の立場は100万ドルの貸付金と9,500万円の借入金を有する。なお、このスワップ契約の適用レートは、通常開始時点での直物レートである。

[期　中]

A社は、貸付金から発生する利息として毎年288.23万円（＝9,500万円×円金利3.034％）を受け取る。同時に借入金から発生する利息として毎年6万ドル（＝100万ドル×ドル金利6％）を支払う。

[終了時]

A社はB社から9,500万円の返済を受ける。同時にA社はB社に対して100万ドル返済する。これを「100万ドルを9,500万円で売却した」と考えると、為替レートは95円／ドルで、開始時と同じである。すなわち為替リスクを回避していることになる（＊）。

（＊）「9,500万円を貸し付けて9,500万円を回収する」「100万ドルを借り入れて100万ドルを返済する」だけだと考えてよい。いずれにしても元本の交換から損益は生じない。

ただし、これでは単なる「貸付と借入れを同時に行う取引」にすぎない。通貨スワップらしいところは開始時と終了時の元本の交換を省略し、期中の利息の受払いだけを行う取引（クーポン・スワップ）が可能な点である。なお、ここでは両通貨とも固定金利を設定したが、実際には各々の通貨の金利は固定・変動も選択できる。

## (2) 通貨スワップの目的

通貨スワップも金利スワップ同様にさまざまな目的で行いうるが、ここでは代表的な円建て外債(サムライ債)との組合せを紹介する。海外の資金需要者が低金利の日本市場に着目し、日本国内において円建て債券を発行する。そして通貨スワップで自国通貨の資金へと転換する。

(\*) 国内での借入金利は、3年利付債パー発行を前提にしたクーポン・レート2.96%(よって最終利回りも2.96%)とした。実際にはこれにデフォルト・リスクに見合った金利が上乗せされる。

このようにして、**日本で資金調達し自国の通貨へスワップすることにより、為替リスクを回避しつつ自国通貨での資金調達が可能になる**。金利に関しては、理論的には自国通貨での資金調達と同じになるはずだが、一般には「円建て外債+通貨スワップ」のほうが低金利になると期待されている。

## (3) 通貨スワップの理論値

通貨スワップの「価格」に相当するのは円金利（あるいはドル金利）である。ここではドル金利6％に対して円金利2.089％がどのように決定されるか、下記の追加情報に基づいて解説しよう。

### 数値例

期間　　：3年
想定元本：100万ドル（9,500万円、為替レート95円／ドル）
ドル金利：6％
円金利　：F％

| 残存年数 | 最終利回り | 価　額 |
|---|---|---|
| 円建て1年もの割引債 | 1.000％ | 99.0099円 |
| 円建て2年もの割引債 | 2.000％ | 96.1169円 |
| 円建て3年もの割引債 | 3.000％ | 91.5142円 |
| ドル建て1年もの割引債 | 4.000％ | 96.1538ドル |
| ドル建て2年もの割引債 | 5.000％ | 90.7029ドル |
| ドル建て3年もの割引債 | 6.000％ | 83.9619ドル |

残存3年、額面（元本）100万ドル、クーポン年6％のドル建て利付債の現在価値合計（債券価額）を計算しよう。

|  |  | 現在価値率 | 現在価値 |
|---|---|---|---|
| 1年後 | 6万ドル | 0.9615 | 5.7692万ドル |
| 2年後 | 6万ドル | 0.9070 | 5.4422万ドル |
| 3年後 | 106万ドル | 0.8396 | 88.9996万ドル |
|  |  | 合　計 | 100.2111万ドル |

この現在価値を円に換算すると、

100.2111万ドル×95円／ドル＝9520.05万円

次に残存3年、額面（元本）9,500万円、クーポン年F％の円建て利付債の現在価値合計（債券価額）を計算し、これが上記のドル建て利付債と一致するようにF％を決定する。

その準備として額面100円の現在価値合計を計算する。

|  |  | 現在価値率 | 現在価値 |
|---|---|---|---|
| 1年後 | F円 | 0.9901 | 0.9901×F円 |
| 2年後 | F円 | 0.9612 | 0.9612×F円 |
| 3年後 | 100＋F円 | 0.9151 | 0.9151×(100＋F)円 |
|  | 合　計 |  | 91.5142＋2.8664×F円 |

よって額面（元本）9,500万円分の債券価額は、

(91.5142円＋2.8664×F円)×9,500万円／100円

＝86,934,900円＋2,723,080×F円

これがドル建て利付債の円換算額と一致すると考える。よって、

86,934,500円＋2,723,080×F円＝9,520.05万円

∴F＝3.0341≒3.034

このようにして円金利3.034％が決定される。

補足1

上記例ではドル金利を6％として円金利を計算した。では、ドル金利を5％とした場合にはどうなるだろうか。その場合、円金利は2.089％となる。スワップにおいて重要なのは円金利とドル金利の格差である。ドル金利を5％とした場合も円金利との格差はほとんど変わらない。

| | | |
|---|---|---|
| ドル金利 | 6.000% | 5.000% |
| 円金利 | 3.034% | 2.089% |
| 金利格差 | 2.966% | 2.911% |

### 補足2　「金利に関しては理論的には自国通貨での資金調達と同じになる」理由

　円建て3年もの利付債券を発行して資金調達を考える。ここでは、わかりやすくするため債券の最終利回りとクーポン・レートを一致させ、デフォルト・リスクはないものとしよう。すなわち、額面発行になるので最終利回り（クーポン・レート）は2.960％になる（この計算方法は、拙著『現代ポートフォリオ理論講義』の債券ポートフォリオの部を参照してほしい）。

　次に、円金利2.960％に見合う通貨スワップのドル建て金利を上記と同様に計算するとドル金利は5.922％になる。

　この数値はドル建て3年もの利付債券パー発行の最終利回り（クーポン・レート）5.922％と一致する。つまり、理論的には円建て債をスワップによってドル債券に転換しても、結果はドル債券を発行した金利と同じになり、低い円金利の恩恵を享受できないことになる。

# 第11章 その他のスワップ

---- 本章のテーマ ----

伝統的な金利スワップや通貨スワップのほかに、DES（Debt Equity Swap）、CDS（Credit Default Swap）などが普及して一般的になってきた。これらの新しいSWAPについて仕組みと目的を簡単に解説する。

## (1) DES（Debt Equity Swap）

Debtは負債（借入金）、Equityは純資産（自己資本、株式）である。要は、負債を資本に転換する金融手法である。DESは業績不振で窮地に追い込まれた企業に対する債権者（銀行）からの救済・支援策として用いられる。

ある上場企業M社が債務超過寸前にまで財政状態が悪化している（自己資本比率：純資産10億円÷資産1,000億円＝1％）としよう。このまま上場廃止・倒産という事態になると、融資をしている銀行にとって大きな損失を被ってしまう。そこで、銀行は貸付金（M社の借入金）の一部100億円にDESを適用して、負債を100億円減少させ、M社の株式100億円分を取得することにした。債権の現物出資による増資に応じたようなものだ。

これによりM社は当面の債務超過の危機を避けることができる。たしかに

M社にとっては「負債は減り、自己資本は増える」ありがたい話だが、銀行側にとってのメリットは何だろうか。それはM社の業績の回復に伴い株価が回復したところで、DESにおいて取得した株式を売却することにより、債権回収のかわりにできるということだ。

こんな経営再建策が本当に効果があるならば、すべての経営危機にある会社に適用すればよいし、「貸付金の一部」などとケチなことをいわずに「貸付金全額」をDESしてしまえば一気に無借金企業に変身できるではないか (*)。

(*) 現実には銀行は一般事業会社の株式保有が法令で制限されているので不可。

しかし、そんな「手品のような」経営再建で企業が再建できるはずもない。DESはむしろ金利の一部減免効果と、上場廃止という当面の危機を先延ばしする効果しかない。財政状態が悪化したのは業績不振（売上げ・利益の減少）が根本的な原因であるはずだ。DESは根本的な原因を解決しない。あくまでも一時しのぎ・時間稼ぎなのである。それでもM社経営陣にとってはありがたい手法ではあるだろう。

## (2) CDS（Credit Default Swap）

第1部オプションの「第1章(6)オプションは損害保険でもある」で「CDSは損害保険であり、オプションである」と解説した。名称そのものはスワップである。CDSはオプションとしても説明でき、スワップとしても説明できる。

CDSを本来のスワップとして解説しよう。

投資家Aは社債（額面100億円、クーポン4％）を保有している。償還日までは年4億円のクーポンを受け取れるが、償還日にはデフォルトが発生して10億円しか償還されず、90億円の損失が発生するリスクを抱えている。

投資家Bは国債（額面10億円、クーポン1％）を保有している。償還日までは年1億円のクーポンしか受け取れないが、償還日にデフォルトが発生するおそれはない。

[CDS契約前]

CDSは両者の間で、社債・国債から生じるキャッシュフローを交換する取引である。

[CDS契約後]

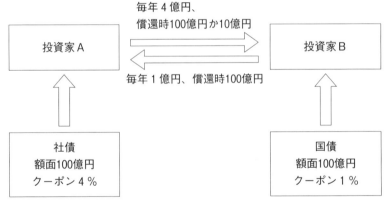

すると、投資家Aは社債を保有したまま国債を保有したのと同じ入金（キャッシュフロー）が得られる。投資家Bは国債を保有したまま社債を保有したのと同じ入金が得られる。

スワップとしてのCDSはかようにあっけないものである。「これのどこが損害保険なのか」と疑問をもたれることだろう。

では上図から両者のスワップのキャッシュフローを相殺表示し、投資家Bは国債を保有していないとして（投資家Bが国債を保有してなくてもスワップ

第11章　その他のスワップ　197

契約は締結できる）再表示してみよう。

［CDS契約後］

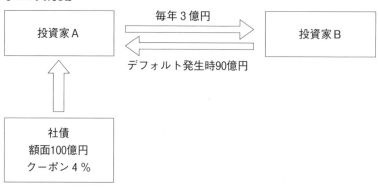

　すると、投資家Bは「毎期3億円の保険料を受け取って、デフォルトが発生した場合に90億円を支払う損害保険会社」として機能していることがわかるだろう。

# 補　　講

## オプション価格理論

---- 本講のテーマ ----

　第2章の「オプション・プレミアムの決定要因」で、オプション価格の「上がる・下がる」という定性的な性質は解説したが、「コール（プット）価格が何円か」についての解答はなかった。「プット・コール・パリティ」では数値を扱ったものの、あくまでコールとプットの関係であってコール価格が単独でいくらになるかの結論はなかった。
　オプションの価格理論はブラック＝ショールズ・モデル（以下「BSモデル」という）という決定的な理論がある。この補講ではまず最もシンプルなモデルである二項モデルから出発し、その拡張系に当たるBSモデルの前提条件と概要、実務上の利用方法について解説する。

（注）　ただし、BSモデルも万能ではなくその効用は限定的である。裁定利益の獲得という実務上の要請からいえばBSモデルよりもプット・コール・パリティのほうが強力であると筆者は考える。過度な期待は禁物である。

## (1) 二項モデル

　二項モデルは最もシンプルなモデルであり、加減乗除の四則だけで計算できるため、たとえば証券アナリスト1次レベル試験の必出問題でもある。BSモデルと前提を同じくし、その拡張モデルがBSモデルと一致するのでBSモデルの理解にもつながる。
　例題を解きながら解説しよう。

〔例題1〕 現在のA社の現物株価が1,000円、1年後には1,200円あるいは800円になると予想されている。権利行使価格が1,000円の個別株式コール・オプションの理論価格はいくらか。この期間の金利は10％とする。

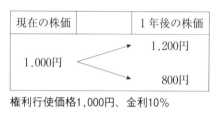

権利行使価格1,000円、金利10％

　二項モデル（Binomial Model）の名称の由来は、例題のように将来を2通りに予想し、経路（パス）が2本あることからである。二項モデルも裁定モデルのひとつである。

　裁定モデルとは、裁定取引を追求するプロセスで達成される価格が理論価格だとするモデルである。

| STEP 1 | 同じ結果をもたらす、2つの異なる金融商品を発見する。 |
| --- | --- |
| STEP 2 | 高いほうを売り、安いほうを買う。 |
| STEP 3 | 高いほうは売り圧力により低くなり、安いほうは買い圧力により高くなる。 |
| STEP 4 | 両者が一致すると裁定利益が消失するので価格が安定する。 |

　裁定モデルの強力さは、実際に裁定利益を得られる点にある。裁定モデルも理論ではあるが「理屈倒れで役に立たない」他の理論とは決定的に異なる。

　二項モデルには2通りの解法がある。各々長所短所があるので両方を解説する。

## (2) 二項モデル　複製ポートフォリオ法

この解法は裁定取引が明示される点が特徴である。では裁定取引のプロセスに沿って解いていこう。

| STEP 1 | 同じ結果をもたらす、2つの異なる金融商品を発見する。 |

ひとつは「コール・オプションの買い」である。もうひとつの「同じ結果をもたらす金融商品」として、「A社株式a株と安全資産b円の買い」を想定する。この設定が二項モデルの本質である。a株とb円が具体的にいくらなのかを計算して求めることが「発見する」ことになる。

「安全資産b円の買い」とは、具体的には預金b円することである。現在、銀行にb円支払い、1年後には元利合計b×(1＋金利)円だけ受け取る。安全資産とは株価のように将来の受取りが変動せず、リスクがないことから安全資産と呼ばれる。同じ趣旨から「無リスク資産」とも称される。いうまでもなく、株式はリスク資産であり、将来の受取りは未確定である。

逆に「安全資産b円の売り」とは、確定金利で借入れをすることである。現在、銀行にb円受け取り（借り入れ）、1年後には元利合計b×(1＋金利)円だけ支払う（返済する）。

まず、「コール・オプションの買い」の取引をまとめてみよう。コールの価格C円は不明で、C円がいくらになるか計算することが最終的な目的である。

| | 現在 | 1年後 | |
|---|---|---|---|
| コールの買い | コール価格C円を支払う | A社株価が1,200円の場合 | 当たり、200円入金 |
| | | A社株価が800円の場合 | 外れ、入金ゼロ |

次に、「同じ結果をもたらす金融商品」として、「A社株式ａ株と安全資産ｂ円の買い」を考えよう。この期間の金利を年10%とする。

| 現　在 | | 1年後 | |
|---|---|---|---|
| A社株式ａ株と安全資産ｂ円の買い | 1,000円／株×ａ株＋ｂ円を支払う | A社株価が1,200円の場合 | 1,200円／株×ａ株＋ｂ円×（1＋10%）の入金 |
| | | A社株価が800円の場合 | 800円／株×ａ株＋ｂ円×（1＋10%）の入金 |

「1年後の結果を同じにしたい」のだから、

| 1年後 | コールの買い | | A社株式ａ株と安全資産ｂ円の買い |
|---|---|---|---|
| A社株価が1,200円の場合 | 200円入金 | ＝ | 1,200円／株×ａ株＋ｂ円×（1＋10%）の入金 |
| A社株価が800円の場合 | 入金なし | ＝ | 800円／株×ａ株＋ｂ円×（1＋10%）の入金 |

よって、以下の連立方程式を得る。

　　200円＝1,200円／株×ａ株＋ｂ円×（1＋10%）

　　0円＝800円／株×ａ株＋ｂ円×（1＋10%）

この2式を解いてａ株＝0.5株、ｂ円＝▲363.63円を得る。

つまり、「コールを買う」ことは「363.63円借入れしてA社株0.5株買う」ことと同じ結果になる。これでSTEP 1の「同じ結果をもたらす、2つの異なる金融商品を発見する」が得られた。

現実にはSTEP 2、3も重要なのだが、「試験問題を解く」という観点から、ここでは取り急ぎSTEP 4にスキップする。

| STEP 4 | 両者が一致すると裁定利益が消失するので価格が安定する。 |
|---|---|

最初のコストが同じにならないと裁定機会が生じるから、

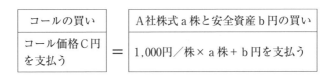

C円＝1,000円／株×a株＋b円

この式に先ほど計算して得られたa株＝0.5株、b円＝▲363.63円を代入して、

C円＝1,000円／株×0.5株＋▲363.63円
　　＝136.36円

以上でコール・オプション価格の理論価格は136.36円となった。

ここでオプション・プレミアムの決定要因の章で後回しにするとした、「金利がコールに与える影響」を検証してみよう。金利が０％の場合のコール価格を計算して、金利10％のケースと比較してみよう。

〔例題２〕　現在のＡ社の現物株価が1,000円、１年後には1,200円あるいは800円になると予想されている。権利行使価格が1,000円の個別株式コール・オプションの理論価格はいくらか。この期間の金利は０％とする。

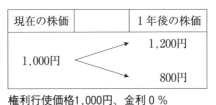

権利行使価格1,000円、金利０％

| 1年後 | コールの買い | | A社株式a株と安全資産b円の買い |
|---|---|---|---|
| A社株価が<br>1,200円の場合 | 200円入金 | = | 1,200円／株×a株＋b円×(1＋0％)の入金 |
| A社株価が<br>800円の場合 | 入金なし | = | 800円／株×a株＋b円×(1＋0％)の入金 |

よって、以下の連立方程式を得る。

　200円＝1,200円／株×a株＋b円

　0円＝800円／株×a株＋b円

この2式を解いて、a株＝0.5株、b円＝▲400円

∴コール価格C円＝1,000円／株×0.5株＋▲400円

　　　　　　　＝100円（金利が0％の場合）

金利が10％の場合のコール価格が136.36円だったので、金利が低いとコール価格は低くなった。逆に表現すれば「金利が上昇することにより、コール価格が上昇する」ことがいえる。

では、同じ条件でプット・オプションの理論価格を計算しよう。

〔例題3〕　現在のA社の現物株価が1,000円、1年後には1,200円あるいは800円になると予想されている。権利行使価格が1,000円の個別株式プット・オプションの理論価格はいくらか。この期間の金利は10％とする。

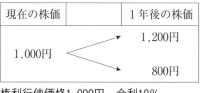

権利行使価格1,000円、金利10％

コール・オプションと同様に考えればよい。

補講　オプション価格理論　205

| 1年後 | プットの買い | | A社株式a株と安全資産b円の買い |
|---|---|---|---|
| A社株価が<br>1,200円の場合 | 入金なし | = | 1,200円／株×a株＋b円×(1＋10％)の入金 |
| A社株価が<br>800円の場合 | 200円入金 | = | 800円／株×a株＋b円×(1＋10％)の入金 |

ここだけ変わる　　　　　こっちは変えない

よって、以下の連立方程式を得る。

　　0円＝1,200円／株×a株＋b円×(1＋10％)

　　200円＝800円／株×a株＋b円×(1＋10％)

この2式を解いてa株＝▲0.5株、b円＝545.45円を得る。

つまり、「プットを買う」ことは「A社株を0.5株空売りして545.45円預金する」ことと同じ結果になる。

最初のコストが同じにならないと裁定機会が生じるから、

　　P円＝1,000円／株×a株＋b円

この式に先ほど計算して得られたa株＝▲0.5株、b円＝545.45円を代入して、

　　P円＝1,000円／株×▲0.5株＋545.45円

　　　＝45.45円

以上で、プット・オプション価格の理論価格は45円となった。

例題1と例題3で計算したコール価格とプット価格でプット・コール・パリティの式が成立することを確認しておこう。

　　　　P　＋　S　－　K　／(1＋r)$^t$

　＝45.45円＋1,000円－1,000円／(1＋10％)$^{1年}$

＝136.36円

これは、C＝136.36円と一致するのでプット・コール・パリティが成立している。

金利がプット価格に与える影響も確認しておこう。金利0％で計算しよう。

---

〔例題4〕　現在のA社の現物株価が1,000円、1年後には1,200円あるいは800円になると予想されている。権利行使価格が1,000円の個別株式プット・オプションの理論価格はいくらか。この期間の金利は0％とする。

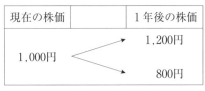

権利行使価格1,000円、金利0％

---

　　0円＝1,200円／株×a株＋b円×（1＋0％）
　　200円＝800円／株×a株＋b円×（1＋0％）

この2式を解いて、a株＝▲0.5株、b円＝600円を得る。

　　P円＝1,000円／株×▲0.5株＋600円
　　　　＝100円（金利が0％の場合）

金利が10％の場合のプット価格が45.45円だったので、金利が低いとプット価格は高くなった。逆に表現すれば「金利が上昇することにより、プット価格は下落する」ことがいえる。

### 期待収益率からの理論値が正解にはならない理由と裁定取引の実際

先ほどの例題には「投資家にとって重要な情報」が欠落していることに気がついたろうか。それはA社の株価が上昇して1,200円になる確率と、下落

して800円になる確率である（これらの確率を生起確率と呼ぶ）。

ここではA社の株価が上昇して1,200円になる確率を90％、下落して800円になる確率を10％であったとする。つまり文字どおり「十中八九」株価は上がるのだ。

〔例題1の追加情報〕

| 現在の株価 | | 1年後の株価 | 生起確率 |
|---|---|---|---|
| 1,000円 | → | 1,200円 | （90％） |
| | → | 800円 | （10％） |

ポートフォリオ理論で駆使される期待収益率の発想を利用すると、以下のようなオプション価格の理論値を計算することができる。

コール・オプションを購入すると、1年後の期待収益はいくらになるだろうか。

| A社株価が1,200円の場合 | 200円入金 | 生起確率90％ |
|---|---|---|
| A社株価が800円の場合 | 入金なし | 生起確率10％ |

200円儲かる可能性が90％、1円も儲からない可能性が10％だから期待収益（平均）は、

　　200円×90％ ＋ 0円×10％ ＝ 180円

である。これは1年後の金額だから現在価値に割り引くと180円÷（1＋10％）＝164円となる。よって「コールの価格は164円」であるとの結論が得られる。これはこれで「理論的な価格」である。

さて、裁定理論に基づいて計算した「コールの価格は136.36円」とどちらが正しいのだろうか。

裁定理論が強力なのはこのような局面である。ポートフォリオ理論を支持

208　補講　オプション価格理論

する投資家P氏は「コールの価格は164円が適正」と考える。一方、裁定理論を支持する投資家Q氏は「コールの価格は137円が適正」と考える。そこで投資家Q氏は投資家P氏に「コールを140円で買わないか」と持ちかける。P氏にすれば「理論価格よりも24円も安く買える」と喜んで取引に応じる。

ところが、この取引で笑いが止まらないのはQ氏のほうである。Q氏はP氏を相手に裁定利益を得られるからだ。

Q氏の裁定取引の流れを示そう。

| STEP 1 | 同じ結果をもたらす、2つの異なる金融商品を発見する。 |

先ほど計算したように「コールの買い」と「363円借入れして、A社株式0.5株を買う」のは1年後に同じ結果をもたらす。念のため確認しておこう。

| 1年後 | コールの買い | 借入れしてA社株式を買う |
|---|---|---|
| A社株価が1,200円の場合 | 200円入金 | 1,200円／株×0.5株−363円×(1＋10%)<br>＝200円の入金 |
| A社株価が800円の場合 | 入金なし | 800円／株×0.5株−363円×(1＋10%)<br>＝0円の入金 |

| STEP 2 | 高いほうを売り、安いほうを買う。 |

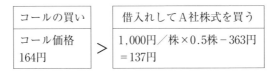

よって「コールを売り」「借入れb円してA社株式をa株買う」を同時に取引する。

| 現在 | | 1年後 | | |
|---|---|---|---|---|
| コールを売る | 164円の入金 | A社株価が1,200円の場合 | コールの賞金 | 200円支払い |
| | | | A社株売却+返済 | 200円入金 |
| | | | 合計 | 0円 |
| 借入れしてA社株式を買う | 137円の出金 | A社株価が800円の場合 | コールの賞金 | 0円支払い |
| | | | A社株売却+返済 | 0円入金 |
| 合計 | 27円の入金 | | 合計 | 0円 |

すると、現在の取引で27円の入金が生じ、1年後にはA社の株価がどちらになっても入出金はプラス・マイナス・ゼロになる。よって現在の入金27円が裁定利益となる。

もとより、P氏にとって「株価が上昇すれば200円儲かる」ことに変わりなく、その確率は90%である。しかし、Q氏の裁定取引は「自己資金なしで確実に」裁定利益を獲得している。極論すれば投資家は「どちらの理論が正しいか」に興味はない。どちらが投資にとって有効かが重要なのである。裁定利益が得られる限り、裁定理論は実務で強力に支持される。

### 裁定取引（裁定理論）に生起確率が無関係な理由

生起確率に基づく理論価格が裁定利益を生むがゆえに、不適切であることを説明した。また、裁定理論に基づく計算プロセスが生起確率を用いないで計算できることも示した。

ここでは「裁定取引（裁定理論）に生起確率が無関係な理由」を整理する。

| 現在の株価 | 1年後の株価 | 生起確率 |
|---|---|---|
| 1,000円 | 1,200円 | (90%) |
| | 800円 | (10%) |

生起確率は、「1年後の株価」が1,200円になる確率と800円になる確率である。この状況に対して、裁定理論では下記の裁定取引を想定していた。裁定取引は「株価が1,200円であろうが800円であろうがトータルの入出金はゼ

ロ」なのである。よって生起確率がどのような値であろうが、想定している裁定取引（裁定利益の獲得）に影響を与えないのである。

| 1年後 | | | |
|---|---|---|---|
| 生起確率 90% | A社株価が 1,200円の場合 | コールの賞金 | 200円支払い |
| | | A社株売却＋返済 | 200円入金 |
| | | 合　計 | 0円 |
| 生起確率 10% | A社株価が 800円の場合 | コールの賞金 | 0円支払い |
| | | A社株売却＋返済 | 0円入金 |
| | | 合　計 | 0円 |

↑ 生起確率がいくらであろうが……

→ どちらになっても「合計0円」で裁定利益が得られる

## (3) 二項モデル　リスク中立確率

　複製ポートフォリオ法は裁定取引が明示されるのでわかりやすいが、欠点も明白であろう。「1年後の株価が1,200円あるいは800円」のたった2通りのはずはあるまい。では、二項モデルは机上の空論でまったく役に立たないのだろうか。そんなことはない。下記のように拡張すれば現実の株式オプションにも応用できる。

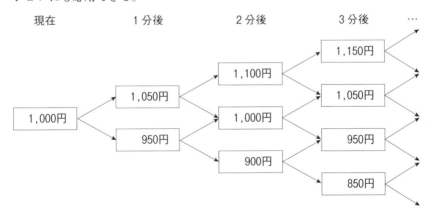

　1年間で2つに分岐するのではなく、1分ごとに2つに分岐し、次の1分

にも各々が２つに分岐する、これが持続すると考えると現実の株価に近づくことができる。これを多期間モデルと呼ぶ（これに対して例題１は１期間モデルと呼ばれる）。

複製ポートフォリオ法は裁定取引の具体的な方法はイメージしやすいが、多期間の場合、計算が困難になる。多期間モデルを計算するにはリスク中立確率を用いた解法が便利である。では前掲の例題を、リスク中立確率を用いて解こう。

〔例題１（再掲）〕 現在のＡ社の現物株価が1,000円、１年後には1,200円あるいは800円になると予想されている。権利行使価格が1,000円の個別株式コール・オプションの理論価格はいくらか。この期間の金利は10％とする。

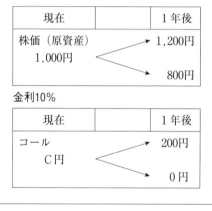

リスク中立確率とは何かについては、計算を追いながら説明する。ここで注意すべきことは、リスク中立確率は期待収益率の理論で登場した生起確率とはまったく別物であるということだ。

株式を購入するコスト1,000円と期日（１年後）の株価を考えよう。それと対比して、1,000円で株式を買わずに無リスク資産（預金や国債）で運用した場合を比べるのである。

無リスク資産で運用した場合：

1年後の受取額＝1,000円×（1＋金利 r ）＝1,000円×（1＋10％）

株式を購入した場合、1,200円か800円になる。A社の株価が上昇する確率、下落する確率は生起確率が表すのだが、それを用いると裁定理論に基づく理論価格が求められないことは前節で解説した。そこで生起確率のかわりにリスク中立確率pを導入する。

リスク中立確率をあたかも「生起確率のように」扱って株式の期日の期待値を計算する。

1,200円× p ＋800円×（1－p）

両者が一致すると考えて、

1,000円×（1＋10％）＝1,200円× p ＋800円×（1－p）

これを解くと、リスク中立確率pは75％と計算される。

このリスク中立確率を「生起確率のかわりに」用いてコールの価格を期待収益率の理論と同様に計算する。

| A社株価が1,200円の場合 | 200円入金 | リスク中立確率75％ |
|---|---|---|
| A社株価が800円の場合 | 入金なし | リスク中立確率25％ |

期待収益（平均）は、

200円×75％＋0円×25％＝150円

である。

これは、1年後の金額だから現在価値に割り引くと150円÷（1＋10％）＝136.36円となり、複製ポートフォリオ法で計算した結果と一致する。

〔演習〕 リスク中立確率を用いて例題1のプット・オプション価格を計算しなさい

〔演習の解答〕

| A社株価 | 行使価格1,000円のプットの損益 | リスク中立確率 |
|---|---|---|
| 1,200円の場合 | 200円入金 | 75% |
| 800円の場合 | 入金なし | 25% |

リスク中立確率による期待値＝0円×75％＋200円×25％＝50円

現在価値に割り引くと50円÷(1＋10％)＝45.45円となり、解法1で計算した結果と一致する。

ここで、解法2の長所を確認するために2期間モデルの例題を解いてみよう。

〔例題5〕 A社の現在の現物株価が1,000円、1年間の上昇率が20％、下落率が▲20％で2年間は同じであると予想されている。権利行使価格が1,000円、期日が2年後の個別株式コール・オプションの価格はいくらになるか。今後2年間の金利は年10％とする。

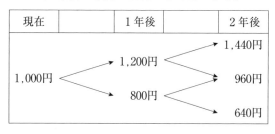

リスク中立確率pは、前問と同じ75％と求められる。

| 現在 | | 1年後 | | 2年後 | コール損益 | 確率 |
|---|---|---|---|---|---|---|
| 1,000円 | p | 1,200円 | p | 1,440円 | 440円 | $p^2$ |
| | | | 1−p | 960円 | 0円 | $p \cdot (1-p)$ |
| | 1−p | 800円 | p | 960円 | 0円 | $(1-p) \cdot p$ |
| | | | 1−p | 640円 | 0円 | $(1-p)^2$ |

2年後の期待値 = 440円 × $p^2$ + 0円 × $p \cdot (1-p)$ + 0円 × $(1-p) \cdot p$ +

   0円 × $(1-p)^2$

= 440円 × $(75\%)^2$ = 247.5円

現在価値 = 247.5円 ÷ $(1+10\%)^{2年}$ = 204.54円

よって残存2年、行使価格1,000円のコール価格は204.54円と計算される。

では、例題5と同じ条件でプットの価格を計算しよう。

リスク中立確率の計算は、コールと同じである。

1,000円 × (1 + 10%) = 1,200円 × p + 800円 × (1 − p)

∴ リスク中立確率 p = 75%

| 2年後の株価 | 行使価格1,000円のプットの損益 | 確率 |
|---|---|---|
| 1,440円 | 0円 | $p^2$ |
| 960円 | 40円 | $p \cdot (1-p)$ |
| 960円 | 40円 | $(1-p) \cdot p$ |
| 640円 | 360円 | $(1-p)^2$ |

ここが変わるだけ / ここは変わらない

2年後の期待値 = 0円 × $p^2$ + 40円 × $p \cdot (1-p)$ + 40円 × $(1-p) \cdot p$ +

   360円 × $(1-p)^2$

= 37.5円

現在価値 = 37.5円 ÷ $(1+10\%)^{2年}$ = 30.99円

よって残存2年、行使価格1,000円のコール価格は30.99円と計算される。

2期間で計算したコールとプットの価格がプット・コール・パリティを満たすことを確認しておこう。

$$P + S - \frac{K}{(1+r)^t}$$

$= 30.99円 + 1{,}000円 - \dfrac{1{,}000円}{(1+10\%)^{2年}}$

$= 204.54円$

　これはC＝204.54円と一致するのでプット・コール・パリティが成立している。

## 参考　生起確率がリスク中立確率と一致しないこと

本節の最初に「リスク中立確率は生起確率と別物」と紹介したが、本当にリスク中立確率と生起確率は理論的に一致しないものだろうか。一致しないのならその理由は何だろうか。ここではこの点について解説したい。

まず、「ケース０：無リスク資産」の数値例から現在価値、終末価値、割引率、生起確率の関係を整理していこう。

| ケース０：無リスク資産 |||
|---|---|---|
| 現在 | 生起確率 | 1年後 |
| 100円 | 100% → | 105円 |

現在価値100円×（1＋無リスク資産利子率5％）＝生起確率100％×終末価値105円

あるいは、

$$現在価値100円 = \frac{生起確率100\% \times 終末価値105円}{1 + 割引率5\%}$$

次に、1年後の価格が115円か95円と変動幅が小さい低リスク資産（ケース1）と、1年後の価格が185円か25円と変動幅が大きい高リスク資産（ケース2）を考えよう。ただし、上昇生起確率と下落生起確率はともに50％とする。

| ケース１：低リスク資産 ||| ケース２：高リスク資産 |||
|---|---|---|---|---|---|
| 現在 | 生起確率 | 1年後 | 現在 | 生起確率 | 1年後 |
| $L_0$円 | 50% ↗ 50% ↘ | 115円 95円 | $H_0$円 | 50% ↗ 50% ↘ | 185円 25円 |

ケース１とケース２の1年後の終末価値の期待値（加重平均）は、
　　ケース１：115円×50％＋95円×50％＝105円
　　ケース２：185円×50％＋25円×50％＝105円
であり、どちらも同じ105円である。

終末価値の期待値に基づき現在価値を計算しよう。この時、割引率（期待収益率）として無リスク資産と同じ５％を用いるべきだろうか。否、「ローリスクならばローリターン、ハイリスクならばハイリターン」という原則から、
　　無リスク資産利子率５％＜ケース２の割引率＜ケース３の割引率
であるはずだ。いわゆるリスク・プレミアム（リスクに見合ったリターン）が上乗せされるはずだ。

ここでは、ケース２の割引率を８％、ケース３の割引率を10％としよう。これに基づき、各々の現在価値を計算しよう。

$$\text{ケース２：} L_0 \text{円} = \frac{\text{終末価値105円}}{1+\text{割引率８％}} = \text{現在価値97.22円}$$

$$\text{ケース３：} H_0 \text{円} = \frac{\text{終末価値105円}}{1+\text{割引率10％}} = \text{現在価値95.45円}$$

これで生起確率に基づく理論的な現在価値が算出できた。次にリスク中立確率を計算しよう。

| ケース１：低リスク資産 | | | ケース２：高リスク資産 | | |
|---|---|---|---|---|---|
| 現在 | リスク中立確率 | １年後 | 現在 | リスク中立確率 | １年後 |
| 97.22円 | $pf_1$ ↗ ↘ $1-pf_1$ | 115円 95円 | 95.45円 | $pf_2$ ↗ ↘ $1-pf_2$ | 185円 25円 |

上昇のリスク中立確率を pf とすると、
　ケース２：97.22円×（1＋５％）＝115円×$pf_1$＋95円×（1－$pf_1$）、
　　　　∴ $pf_1$＝35.4％
　ケース３：95.45円×（1＋５％）＝185円×$pf_2$＋25円×（1－$pf_2$）、
　　　　∴ $pf_2$＝47.0％
と生起確率と一致しない。その原因はもちろん、適用される割引率の違いである。

〔まとめ〕

[生起確率に基づく理論的な現在価値の算出]

|  | 現在価値 | 割引率<br>(期待収益率) | 生起確率に基づく<br>終末価値の期待値 |
|---|---|---|---|
| ケース1 | 97.22円 | ×(1 + 8%)= | 115円×50%+95円×(1−50%)=105.00円 |
| ケース2 | 95.45円 | ×(1 + 10%)= | 185円×50%+25円×(1−50%)=105.00円 |

[理論的な現在価値から算出されるリスク中立確率]

|  | 現在価値 | 割引率<br>(期待収益率) | リスク中立確率に基づく<br>終末価値の期待値 |
|---|---|---|---|
| ケース1 | 97.22円 | ×(1 + 5%)= | 115円×35.4%+95円×(1−35.4%)=102.08円 |
| ケース2 | 95.45円 | ×(1 + 5%)= | 185円×47.0%+25円×(1−47.0%)=100.23円 |

補講 オプション価格理論

> **参考** 「リスク中立」の意味

　ケース1、2では生起確率が与えられリスク資産の現在価値を計算するというプロセスで説明した。ケース3、4ではリスク資産の現在価値から生起確率とリスク中立確率を計算してみよう。

| ケース3：低リスク資産 | | | ケース4：高リスク資産 | | |
|---|---|---|---|---|---|
| 現在 | 生起確率 | 1年後 | 現在 | 生起確率 | 1年後 |
| 200円 | $p_3$ / $1-p_3$ | 230円 / 190円 | 200円 | $p_4$ / $1-p_4$ | 370円 / 50円 |

　ケース3の割引率を8％、ケース4の割引率を10％として、各々の上昇の生起確率pを計算すると以下のようになる。

　　ケース3：200円×(1＋8％)＝230円×$p_3$＋190円×(1－$p_3$)、$p_3$＝65.0％
　　ケース4：200円×(1＋10％)＝370円×$p_4$＋50円×(1－$p_4$)、$p_4$＝53.1％

　ケース3、4のリスク中立確率pfを計算してみよう。

　　ケース3：200円×(1＋5％)＝230円×$pf_3$＋190円×(1－$pf_3$)、
　　　　　　$pf_3$＝50.0％
　　ケース4：200円×(1＋5％)＝370円×$pf_4$＋50円×(1－$pf_4$)、
　　　　　　$pf_4$＝50.0％

　すなわち、ケース3、4のケースのようにリスクの大小にかかわらず（リスクとは中立に）算定される確率（のようなもの）だからリスク中立確率と呼ばれるのである。

〔まとめ〕
[生起確率に基づく理論的な現在価値の算出]

| | 現在価値 | 割引率<br>（期待収益率） | 生起確率に基づく<br>終末価値の期待値 |
|---|---|---|---|
| ケース3 | 200円 | ×(1＋8％)＝ | 230円×65.0％＋190円×(1－65.0％)＝216円 |
| ケース4 | 200円 | ×(1＋10％)＝ | 370円×53.1％＋50円×(1－53.1％)＝220円 |

[理論的な現在価値から算出されるリスク中立確率]

|  | 現在価値 | 割引率<br>（無リスク利子率） | リスク中立確率に基づく<br>終末価値の期待値 |
|---|---|---|---|
| ケース3 | 200円 | ×（1 + 5%）= | 230円×50.0% + 190円×（1 − 50.0%）= 210円 |
| ケース4 | 200円 | ×（1 + 5%）= | 370円×50.0% + 50円×（1 − 50.0%）= 210円 |

## (4) 状態価格という発想

前述の数値例を再掲してみよう。コール・オプション137円を支払うことにより1年後のA社株価が上昇して1,200円になると200円の利益をもたらす。

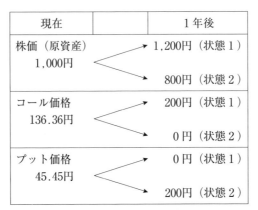

コールの賞金1円当り、いくらのコール価格を計算すると136.36円÷200円＝0.682円になる。この価格を状態1の状態価格と呼ぶ。

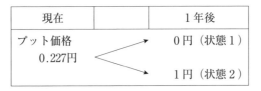

同様に、状態2の状態価格はプット価格より45.45円÷200円＝0.272円と計算される。

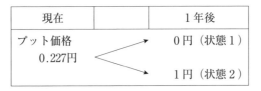

状態価格を計算しておくと、A社株価と連動する（オプション以外も含めて）あらゆる金融商品の指定理論に基づく理論価格を簡単に計算できる。

〔計算例〕 A社株価と連動し、状態1で60円の利益、状態2で30円の利益をもたらすある金融商品Qがあるとする。この金融商品Qの価格はいくらになるだろうか。

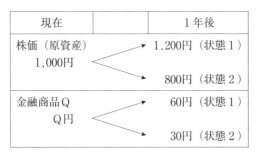

この金融商品Qは、以下のコールとプットの2つに分解できる。

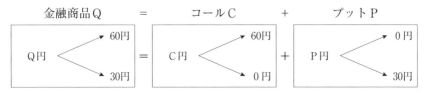

コール価格C円は、1年後の損益が状態1の60倍である。

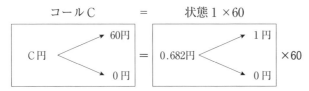

よって、コール価格は状態価格1の60倍、すなわち、0.682円×60＝40.92円となる。

同様にして、プット価格は1年後の損益が状態2の30倍であることから、プット価格は状態価格2の30倍、すなわち、0.227円×30＝6.81円となる。

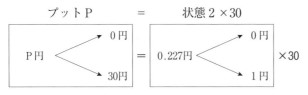

金融商品QはコールCとプットPの合計であるから、

　Q円＝0.682円×60＋0.227円×30＝47.73円

と求められる。

もし金融商品Qの価格が47.73円からずれた場合、金融商品Qとコール、プット（あるいは当該株式と安全資産）を使って裁定利益を獲得することが可能になる。そして、裁定取引の売買圧力によって金融商品Qの価格は47.73円に接近する。もし、接近しなければ裁定利益を獲得し続けることができる。

### 状態価格は権利行使価格によらず一定

前述の状態価格は、行使価格1,000円のコール・オプションに基づいて計算した。

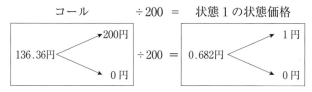

では、異なる行使価格のコール・オプションで計算したら状態価格はどうなるだろうか。〔例題1〕の行使価格を1,100円に変更したコール価格から状態価格を計算してみよう。

金利10%

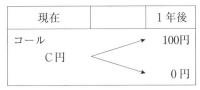

権利行使価格1,100円

　株価と金利からリスク中立確率pを計算する。リスク中立確率に変化はない。

　　$1{,}000円 \times (1 + 10\%) = 1{,}200円 \times p + 800円 \times (1 - p)$

　∴中立確率pは75％。

| A社株価 | 行使価格900円のプットの損益 | リスク中立確率 |
|---|---|---|
| 1,200円の場合 | 100円入金 | 75％ |
| 800円の場合 | 入金なし | 25％ |

リスク中立確率による期待値＝100円×75％＋0円×25％＝75円

　現在価値に割り引くと、75円÷(1＋10％)＝68.18円となる。
　よって、状態価格は68.18円÷100＝0.682円となり、行使価格1,000円に基づいた状態価格と一致する。

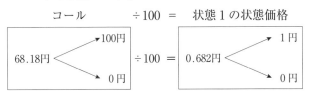

　「状態価格は行使価格によらず一定」である理由を考えてみよう。〔例題1〕では、「行使価格1,000円のコール」という前提でコール価格を計算し

た。これは暗黙の前提で「コール1単位」の価格を計算している。

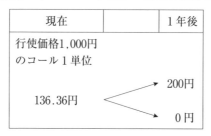

では、「行使価格1,100円のコールを2単位買った場合」の1年後の損益はいくらになるだろうか。1単位の賞金100円の2倍、すなわち200円である。これは全体として考えると「行使価格1,000円のコールを1単位買った場合」と同じである。

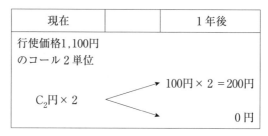

「同じ結果をもたらす2つの金融商品」だから「コスト（価格）も同じ」はずである。よって「行使価格1,100円のコール2単位の価格$C_2$円」＝136.36円となる（よって「行使価格1,100円のコール1単位の価格」は136.36円÷2＝68.18円となり、先ほど計算した結果と一致する）。

各々から状態価格を計算することは以下を意味する。

|  | 現在 | 期日の利益 | 状態価格 |
| --- | --- | --- | --- |
| 行使価格1,000円のコール1単位 | 136.36円 | 200円 | 136.36円÷200＝0.682円 |
| 行使価格1,100円のコール2単位 | 68.18円×2＝136.36円 | 100円×2＝200円 | 68.18円÷100＝0.682円 |

状態価格が一致することは直感的にわかるだろう。

状態価格を経ずにリスク中立確率からダイレクトに計算する

上記では、「リスク中立確率の算定」→「コールとプットの価格」→「状態価格」→「金融商品Qの価格」というステップを経た。

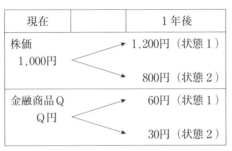

無リスク利子率：10%

しかし、「リスク中立確率の算定」→「金融商品Qの価格」と計算を一気に省略できる。

まず、リスク中立確率の算定を計算する。

　　リスク中立確率 $p$：$1,000円 \times (1+10\%) = 1,200円 \times p + 800円 \times (1-p)$

　　∴リスク中立確率 $p = 75\%$

　　金融商品Q：$Q \times (1+10\%) = 60円 \times p + 30円 \times (1-p) = 52.5円$

　　∴$Q = 47.73円$

先ほどの計算と一致する。このような計算が可能なことは、状態価格が権利行使価格によらないこと、コールとプットの価格をリスク中立確率で計算する式が同じかたちであること、どんな派生商品でもコールとプットに分解できることからイメージできるだろう。

## (5) 二項モデルの応用例1：社債とCDS

第1部第1章でも述べたように、CDS（Credit Default Swap）とは、いわば社債の損害保険である。CDS購入者は保険料に相当するCDSフィーを支

払って保険に加入する。満期時までに社債にデフォルト（債務不履行）が発生した場合、元本損失額相当を保険金として受け取る。これによりCDS購入者はデフォルト・リスクから逃れることができる。

CDSフィーの算定について考えてみよう。直感的には「何％の確率でデフォルトが発生するか」（デフォルト生起確率）によってCDSフィーが算定されるような気がする。しかし、それは正しくはない。二項モデルを使って解説しよう。

下記のように1年後に生起確率10％でデフォルトが発生し、20億円しか回収できない（80億円の損失発生）事態が起こるとしよう。この社債のCDSフィーを算定しよう。

[社債（原資産）]

| 現在 | 生起確率 | 1年後 |
|---|---|---|
| 100億円 | 90% | 120億円 |
|  | 10% | 20億円（デフォルト発生） |

無リスク資産利子率は年率4％、社債の割引率は10％とする

### 生起確率によるCDSフィーの算出（誤り）

| 現在 | 生起確率 | 1年後 |
|---|---|---|
| CDSフィー | 90% | 0億円 |
|  | 10% | 80億円 |

$$\text{CDSフィー} = \frac{\text{生起確率}10\% \times 80\text{億円}}{1 + \text{割引率}10\%} = 7.27\text{億円}$$

この発想によるCDSフィーの算定は誤りである。どうして誤りかというと、この価格で提供すると裁定取引の餌食、すなわち取引相手に「元手なしで絶対確実の利益を提供」することになるからである。

## オプションとしてのCDSフィーの算出（正しい）

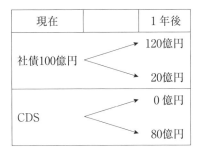

複製ポートフォリオ法でCDSフィー（プット価格）を計算しよう。安全資産利子率は年率4％とする。CDSを社債と無リスク資産で複製するのだが「(2)二項モデル　複製ポートフォリオ法」の株式を社債に置き換えるだけでよい。社債a単位と安全資産b億円で複製ポートフォリオをつくろう。

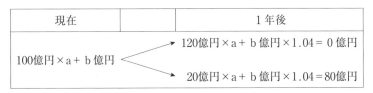

120億円×a＋b億円×1.04＝0億円
20億円×a＋b億円×1.04＝80億円

より、a＝▲0.8単位、b＝92.31億円と求められる。

よって、CDSフィー（プット価格）は、

100億円×a＋b億円＝12.31億円

と算定される。これが正しいCDSフィーである。

(注)　リスク中立確率を計算すると、
100億円×（1＋4％）＝120億円×P＋20億円×（1－P）
∴リスク中立確率P＝84％

となり、下方は16％で、生起確率よりも大きい。

### 裁定取引の方法

CDSフィーが7.27億円で提供されていた場合の裁定の方法を示そう。

| | 取引開始時 | 1年後 | |
| --- | --- | --- | --- |
| | | デフォルト未発生 | デフォルト発生 |
| CDSフィー | ▲7.27億円 | 0億円 | +80億円 |
| 社債80億円の買い | 100億円×0.8 =<br>▲80.00億円 | 120億円×0.8 =<br>+96億円 | 20億円×0.8 =<br>+16億円 |
| 借入れ92.31億円 | +92.31億円 | 92.31億円×1.04 =<br>▲96億円 | 92.31億円×1.04 =<br>▲96億円 |
| 合　計 | +5.05億円 | ±0億円 | ±0億円 |

この結果、デフォルト発生のいかんにかかわらず、取引開始時の+5.04億円が裁定利益として獲得できることになる。すなわち、生起確率に基づくCDSフィーの算定が不適切であったことになる。

## (6) 二項モデルの応用例2：リアル・オプション

オプションの評価に用いられる価格理論（裁定理論）はオプション取引に限らず、「これはオプションではないだろう」と思われるものにも応用できる。投資案件の可否や、M&Aの買収価額算定等の意志決定にも用いることが可能である。このような考え方を「リアル・オプション」と称する。

ただし、「投資案件の可否やM&Aの買収価額算定等の意志決定」という局面に対して、裁定理論が常に最善であるとは限らない。どんな道具（理論や戦略）にも適用条件、適用限界がある。そこに留意しながら解説していこう。

〔ケース〕　ある開発途上国で火力発電所建設プロジェクトがあり、投資額は500億円と予定されている。このプロジェクトからの将来キャッシュ・インフローの1年後の時点における価値は、天然ガス価格の変動に応じて600億円か490億円になると予想されている。なお、各々の生起確率は50%である。このプロジェクトの要求収益率が10%の時、このプロジェクトを

実行すべきかどうか検討してみよう。

| 現在 | 生起確率 | 1年後 |
|---|---|---|
| 投資額500億円 | 50% ↗ | 600億円 |
|  | 50% ↘ | 490億円 |

〔評価方法①〕　正味現在価値（NPV）による判断

現在時点におけるプロジェクトの現在価値は、1年後の時点におけるプロジェクトの将来価値の期待値を要求収益率で割り引いて計算される。すなわち生起確率に基づく評価にほかならない。

　　プロジェクトの将来価値＝600億円×50％＋490億円×50％＝545億円

　　プロジェクトの現在価値＝545億円÷(1＋10％)＝495.45億円

一方、当初投資額は500億円であると仮定したので、

　　正味現在価値（NPV）＝投資成果の現在価値－当初の投資額
　　　　　　　　　　　　＝495.45億円－500億円＝▲4.55億円

NPVがマイナスだから、このプロジェクトは実行すべきではないという結論になる。

〔評価方法②〕　リアル・オプションとしての判断

次に、リアル・オプションとして評価してみよう。このプロジェクトの価値は天然ガス価格と連動しており、天然ガスの単位数量当りの価格（円ベース）は下図のとおりであるとする。

| 現在 | 生起確率 | 1年後 |
|---|---|---|
| 天然ガス価格 6,000円 | 50% ↗ | 8,400円（＋40％） |
|  | 50% ↘ | 4,800円（▲20％） |

| 現在 | 生起確率 | 1年後 |
|---|---|---|
| 投資額 500億円 | 50% ↗ | 600億円 |
|  | 50% ↘ | 490億円 |

このプロジェクト価値が天然ガス価格と連動することから、プロジェクトを「天然ガス価格を原資産としたオプション」(リアル・オプション)とみなすことができる。

リスク中立確率を用いてプロジェクトを評価しよう。安全資産利子率は年率4%とする。

$$6{,}000円 \times (1 + 4\%) = 8{,}400円 \times P + 4{,}800円 \times (1 - P)$$

$\therefore$ リスク中立確率 $P = 40\%$

ここで以下の天然ガス価格を原資産としたコール・オプション(権利行使価格0億円)とプット・オプション(権利行使価格490億円)を考える。

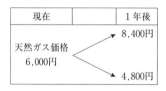
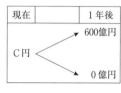
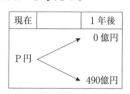

リスク中立確率を用いて両者の理論価格を計算すると、

コール価格：C円 = {600億円×40% + 0億円×(1 − 40%)} ÷ (1 + 4%) = 230.77億円

プット価格：P円 = {0億円×40% + 490億円×(1 − 40%)} ÷ (1 + 4%) = 282.69億円

(注) この計算方法は222頁の「(4)状態価格という発想」を参照してほしい。権利行使価格8,300円のコールを6億枚と権利行使価格4,900円のプット4.9億枚の価額を計算してもよい。権利行使価格をどう設定しても評価額は一致する。

「上記のコールとプットの両方を購入する」ことと「プロジェクトを実行する」ことは同じ結果をもたらす。

| プロジェクトの実行 | | | 天然ガス・オプション | | |
|---|---|---|---|---|---|
| 現在 | | 1年後 | 現在 | | 1年後 |
| 500億円 | ↗ | 600億円 | 230.77億円<br>+282.69億円<br>=513.46億円 | ↗ | 600億円 |
|  | ↘ | 490億円 |  | ↘ | 490億円 |

　同じ結果をもたらす異なる金融商品に価格差がある場合、安いほうを買い、高いほうを売ることにより裁定利益が得られる。すなわち、「プロジェクトの買い」と「天然ガス・オプションのコールとプットの売り」によって裁定利益が得られることになる。この場合、「プロジェクトの買い」とはプロジェクトを実行すべきであるということになる。

　具体的に「プロジェクトの買い」と「天然ガス・オプションのコールとプットの売り」を取引全体の損益を示すと下表のようになる。

| | 取引開始時 | 1年後 | |
|---|---|---|---|
| | | 天然ガス価格<br>上昇時 | 天然ガス価格<br>下落時 |
| プロジェクト実行 | ▲500.00億円 | +600億円 | +490億円 |
| 天然ガスコールの売り | +230.77億円 | ▲600億円 | 0億円 |
| 天然ガスプットの売り | +282.69億円 | 0億円 | ▲490億円 |
| 合　計 | +13.46億円 | ±0億円 | ±0億円 |

　この結果、1年後のプロジェクトの成否にかかわらず、取引開始時の+13.46億円が裁定利益として獲得できることになる。

## 正味現在価値（NPV）、リアル・オプション、どちらが正しいか

　このケースでは正味現在価値（NPV）で判断すると「実行すべきではない」、リアル・オプションとして判断すると「実行すべきだ」ということになった。どちらの結論が正しいのだろうか。

リアル・オプションとして解釈すると「プロジェクト実行」+「天然ガス・オプションのコールとプットの売り」により、将来の天然ガス価格が上昇した場合でも下落した場合でも確実に利益が得られるのだからプロジェクトは実行すべきだろう。

　しかし、である。実際のプロジェクトが天然ガス価格と完全に連動することはありえない。日経平均オプション等の金融商品では起こりえない事態であるが、リアル・オプション、現実の実物投資の場合、その連動性に保証がない。「完全に」は連動しないのであれば、裁定利益どころか、思わぬ損失を被ることが起こりうる。たとえば、天然ガス価格上昇時にプロジェクトの価値が+550億円に止まった場合、トータルで損失が発生してしまう。

|  | 取引開始時 | 1年後 ||
|---|---|---|---|
|  |  | 天然ガス価格上昇時 | 天然ガス価格下落時 |
| プロジェクト実行 | ▲500.00億円 | +550億円 | +490億円 |
| 天然ガス・コールの売り | +230.77億円 | ▲600億円 | 0億円 |
| 天然ガス・プットの売り | +282.69億円 | 0億円 | ▲490億円 |
| 合　計 | +13.46億円 | ▲50億円 | ±0億円 |

　また「完全に」連動する場合でも、「天然ガス・オプションのコールとプットの売り」等の裁定取引を実行できないのであれば、「正味現在価値(NPV)による評価」に従い「投資すべきではない」という結論になるだろう。

　この考察は、天候デリバティブにも当てはまる。金融資産を原資産としない天候デリバティブの場合、裁定取引が構築できないので、裁定理論による価格算定は不適切である。

## (7) ブラック＝ショールズ・モデル

### 伊藤のレンマが生んだブラック＝ショールズ・モデル

　日経平均は下図のように「ギザギザの変動（\*1）」を示す。高校で学ぶ微積分（リーマン積分）では「滑らかでない（連続でない）ため微分不可能」となる。

　（\*1）　ランダム・ウォーク、ブラウン運動とも呼ばれる。数学ではウィーナー過程、さらに拡張・一般化したものを伊藤過程と呼ぶ。

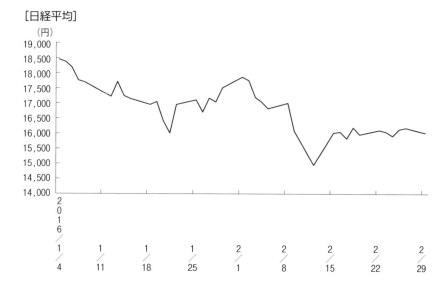

　ところが「ギザギザの変動」の微積分を考える確率解析という数学があり、この分野の重要な定理に「伊藤のレンマ（\*2）」がある。伊藤清氏はこの業績で1987年にウルフ賞、2006年に第1回ガウス賞を受賞している。

　（\*2）　レンマとは「補題」と訳されるが、「伊藤の公式」の意である。伊藤のレンマは金融工学分野で多用されるが、決して金融分野に限定された理論ではない。

■ 伊藤のレンマ

t：時間

確率変数 $X$ : $df = a(X, t)dt + b(X, t)dZ$ （伊藤過程）

$a \equiv a(X, t),\ b \equiv b(X, t),\ f \equiv f(X, t),\ Z \equiv Z(t)$

$dZ$ : 正規分布 $N(0, \sqrt{dt})$ に従う

$$df = \left( \frac{\partial f}{\partial X} a + \frac{\partial f}{\partial t} + \frac{1}{2} \frac{\partial^2 f}{\partial X^2} b^2 \right) + \frac{\partial f}{\partial X} b \cdot dZ$$

伊藤のレンマを掲載したのは筆者の伊藤氏への敬意と憧憬からである。残念ながら筆者の力不足で本書には生かせない。ブラック＝ショールズ・モデル（以下「BSモデル」という）は伊藤のレンマを応用したものである（上記のXに株価を代入した）。このモデルを発表したブラック、ショールズ、マートンの3名は1997年にノーベル経済学賞を受賞した（*3）。

（*3） その後ショールズとマートンが経営に参加した米国のヘッジ・ファンドLTCM（Long Term Capital Management）がロシア国債危機で破綻し、国際的な金融危機の一因となり物議を醸した。

BSモデルに基づくコールの理論価格は以下の公式で表される。公式の導出過程を説明することは本書の目的とそぐわないので読者には他の参考書にあたっていただきたい。

■ BSモデル

コール価格： $C = S \cdot N(d) - K \cdot e^{-r \cdot t} \cdot N(d - \sigma\sqrt{t})$

プット価格： $P = -S \cdot N(-d) + K \cdot e^{-r \cdot t} \cdot N(-d + \sigma\sqrt{t})$

$$d = \frac{\left[ \ln\left(\frac{S}{K}\right) + \left(r + \frac{\sigma^2}{2}\right)t \right]}{\sigma\sqrt{t}}$$

S：原証券価格　　　K：権利行使価格

t：残存期間　　　　　r：無リスク利子率
σ：ボラティリティ　　e：自然対数の底（約2.7183）
N（d）：dの時の正規分布の密度関数　　ln：自然対数

　BSモデルの導出過程を理解するのは大変であるが、計算自体は簡単である。以下のようにEXCEL等の表計算ソフトに、セルB1〜B6に数値を、B7〜B9に計算式を入力するとコールとプットの理論価格が計算できる。当然、理論価格にもプット・コール・パリティが成立する。

[2017年4月13日]

日経平均株価（225種）18,426円84銭
日経平均VI　22.75%
無リスク利子率：譲渡性預金（CD）現先を採用すべきだがここでは0％とする

|   | A | B |
|---|---|---|
| 1 | S：現在の日経平均 | 18,426 |
| 2 | K：権利行使価格 | 18,500 |
| 3 | t：残存期間 | 0.084年 |
| 4 | σ：ボラティリティ | 22.75%（年率） |
| 5 | r：無リスク利子率 | 0.00%（年率） |
| 6 | e：自然対数の底（定数） | 2.7183 |
| 7 | d | −0.0278 |
| 8 | コール価格 | 449.47円 |
| 9 | プット価格 | 523.47円 |

｝オプション・プレミアムの5つの決定要因

セルの計算式　B3：=21/250（4月13日〜5月12日の取引日／年間取引日数250日）
　　　　　　　B6：=exp(1)
　　　　　　　B7：=(LN(B1/B2)+(B5+0.5*B4^2)*B3)/(B4*SQRT(B3))
　　　　　　　B8：=B1*NORMSDIST(B7)-B2*B6^(-B5*B3)*NORMSDIST(B7-B4*SQRT(B3))
　　　　　　　B9：=B8-B1+B2/B6^(B5*B3)（←プット・コール・パリティ）

二項モデルにおいて、上記の計算要素がどのように対応するか示しておこう。

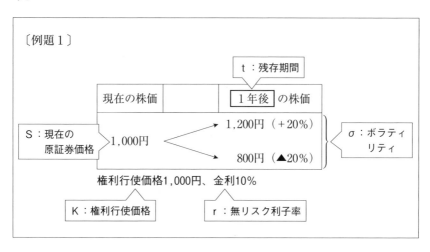

このように二項モデルはシンプルであるが、BSモデルと同じ計算要素に基づいており、両者とも裁定理論に基づいている。二項モデルの多期間を極限まで拡大するとBSモデルと一致する。

## BSモデルはインプライド・ボラティリティを計算するための道具

BSモデルは5つの決定要因からコール価格（プット価格）を利用して理論的なコール価格、プット価格を計算することはまずない。ではBSモデルはどのように利用されるのだろうか。

[理論上のBSモデルの流れ]

ボラティリティとはポートフォリオ理論で登場するリスクそのものであ

る。ではリターンはオプション価格に影響しないのか。そのとおり、リターンはオプション価格に影響しない。BSモデルも二項モデルと同様、その出発点には裁定取引がある。裁定取引の結果、裁定利益が得られない価格で落ち着くという無裁定アプローチである。よって「リターンがいくらであろうと（二項モデルでは上昇しても下降しても）裁定利益が得られる」ので影響しないのである。

ここでBSモデルの前提条件を確認しておこう。

| 資本市場 | 1. 手数料や取引税などの取引コストはない。<br>2. 取引単位の制約はない。<br>3. 空売りが可能で、空売りによる資金で買うことができる。<br>4. 裁定機会は存在しない。 |
|---|---|
| 原資産 | 5. 配当支払を行わない。<br>6. 原資産の価格変動は、時間的にも価格的にも連続な確率過程に従う。<br>7. ボラティリティは一定である。 |
| 金利 | 8. すべての投資家が安全資産利子率で無制限に借入れ・貸付できる。<br>9. 安全資産利子率は一定である。 |
| オプション | 10. 満期においてだけ権利行使できるヨーロピアン・タイプ。 |

これらの条件を満たさない場合には、BSモデルは使えない。

前述の計算数値例では何気なく数値を代入しておいたが、これらの数値はどこからもってくるのか、そして前提条件を満たすのか、考えてみよう。「S：現在の日経平均」は予想の必要もなく市場データからわかるだろう。「K：権利行使価格」は大阪証券取引所が設定してあるものから選択するので問題なし。「t：残存期間」は購入日から期日までの日数をカウントすればよい。「r：無リスク利子率」は「譲渡性預金（CD）現先の売り気配と買い気配の平均値」を採用すればよい（*）。金利も毎日変化はあるものの、日経平均オプションに限って言えば残存期間は短期で変動幅も小さく「期間中金利は一定」とみなすことができる。

（\*）　日経新聞は、かつてBSモデルを使ってIV（Implied Voratility）を計算していた時、金利として譲渡性預金（CD）現先の売り気配と買い気配の平均値を採用していた。

　問題は、「$\sigma$：ボラティリティ」である。「ボラティリティは過去の日経平均から計算すればよいだろう」とお思いの人、それはHistorical Voratilityであって、BSモデルに代入すべきボラティリティは今後将来の予想ボラティリティなのである。

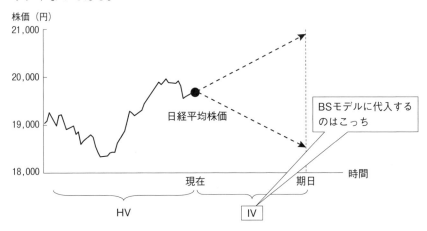

　理論的には予想値を用いるべきだが、過去の数値をもって代用するのは予測モデルの常套手段である。ただし、それが予測にとって有効なのは「過去の数値が安定し」「将来にわたって再現される可能性が高い場合」だけである。では、日経平均のボラティリティは「過去の数値が安定し」「将来にわたって再現される可能性が高い」だろうか。

　次図は2016年4月〜2017年9月の日経平均のHistorical Voratility（HV）とオプション価格から算出されるVoratility Indexの変動である。「期日までボラティリティは一定」という前提条件は非現実的であることがうかがえるだろう。

[日経平均HV、IV]

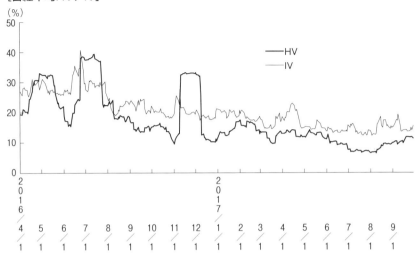

よって、「理想的なボラティリティの予想値」を代入してオプションの理論価格を計算するのは無理である（計算できるが理論価格は信用できない）。そこで現実には下記のようにオプション価格を含めた市場で直接観測できる要素から、ボラティリティを逆算するのである。これは市場価格が暗示しているボラティリティなので、インプライド・ボラティリティ（Implied Voratility、以下「IV」という）と呼ばれる。

[現実のBSモデルの利用法]

S：現在の日経平均
K：権利行使価格
t：残存期間
r：無リスク利子率
　　オプションの市場価格

 BSモデル式

σ：市場価格が前提にしている
　　ボラティリティ

2010年11月19日までは日経新聞でBSモデルを利用した方法で計算されるボラティリティを「日経平均IV（Implied Voratility）」として掲載していた。しかし、現在では非現実的前提条件を必要とするBSモデルを利用しない方法で予想ボラティリティを計算し、日経平均VI（Voratility Index）として掲

補講　オプション価格理論　241

載するようになった。2012年2月には日経平均VIを対象とした先物が上場された。

演習を兼ねて、オプションの市場価格からIVを計算してみよう。

BSモデルをボラティリティを算出できる式に変形できれば楽なのだが、それが困難なのでボラティリティに適当な数値を代入しオプションの理論価格を計算し、市場価格と比較してボラティリティを調整する、というプロセスで求める。

〔市場データ（2017年9月29日終値）〕
　日経平均　20,356円
　残存期間：12月限月（12月8日の呼値）だから残存45営業日
　権利行使価格20,500円のコール価格　385円
　金利：0％

ボラティリティが不明なので、とりあえず25％という仮の数値を代入して理論価格を計算する。

| | A | B |
|---|---|---|
| 1 | S：現在の日経平均 | 20,356 |
| 2 | K：権利行使価格 | 20,500 |
| 3 | t：残存期間 | 0.18 年（45日） |
| 4 | σ：ボラティリティ | 25％ |
| 5 | r：無リスク利子率 | 0％ |
| 6 | e：自然対数の底（定数） | 2.7183 |
| 7 | d | −0.0134 |
| 8 | コール価格 | 793.9 円 |

結果、理論価格が793.9円と計算された。これはコールの市場価格385円に比べて高い。すなわち、コールの市場価格385円が前提にしているIVは25％

よりも小さいことになる。

そこで、ボラティリティを10%にして計算し直す。

|   | A | B |
|---|---|---|
| 1 | S：現在の日経平均 | 20,356 |
| 2 | K：権利行使価格 | 20,500 |
| 3 | t：残存期間 | 0.18 年（45日） |
| 4 | σ：ボラティリティ | 10% |
| 5 | r：無リスク利子率 | 0％ |
| 6 | e：自然対数の底（定数） | 2.7183 |
| 7 | d | −0.1449 |
| 8 | コール価格 | 278.5 円 |

理論価格278.5円はコールの市場価格385円に比べて低い。よってIVは25%よりも小さく、かつ10%よりも大きいことになる。この操作を繰り返して理論価格が市場価格と一致するボラティリティを探し続ける。最終的には下記の値を得る。

|   | A | B |
|---|---|---|
| 1 | S：現在の日経平均 | 20,356 |
| 2 | K：権利行使価格 | 20,500 |
| 3 | t：残存期間 | 0.18 年（45日） |
| 4 | σ：ボラティリティ | 13.12% |
| 5 | r：無リスク利子率 | 0% |
| 6 | e：自然対数の底（定数） | 2.7183 |
| 7 | d | −0.0988 |
| 8 | コール価格 | 385.2 円 |

すなわち、「コールの市場価格385円」はボラティリティ13.12%を前提にしていることがわかった。これがIVである。

（注）　上記の計算方法はいかにも場当たり的に思えるかもしれないが、かつて日経平均IVを計算する際に用いられていたNewton-Raphson法とはこのような方法をルール化したものにすぎない。

インプライド・ボラティリティが理論的な予想ボラティリティではないことがわかるだろう。「コールの市場価格385円」は市場価格であって理論価格ではない。よって、他の行使価格のコール価格やプット価格、別の11限月のものに同じようなプロセスでインプライド・ボラティリティを計算して、同じ13.12％になることはない。

ちなみに同日の日経平均VIは15.50％である。まったく異なる理論で算出されているが、入力情報はやっぱりコール・プットの市場価格なので、当たらずとも遠からず、といったところだ。

〔補足〕　上記の「金利0％」という仮定は不適切ではないかと考える読者もいるだろう（筆者も一応疑った）。そこで、同日の新発10年国債利回り0.06％を代入して計算してみたところ、コールの理論価格は386.1円という結果を得た。差額は1円。

　もちろん、期間がわずか45日しかない金融取引に新発10年国債利回り0.06％は過大であることはおわかりだろう。だから「金利0％」を多少変えても理論価格に影響はないものと判断した。

# おわりに

**デリバティブが危険なのではない**

　第1部オプションの冒頭で「デリバティブ取引は複雑怪奇で危険極まりない取引」という印象は誤りだと指摘した。そして宝くじもオプションのひとつであると説明した。宝くじを「危険極まりない取引」だと考える国民は少ないだろう。

　しかし宝くじですら「危険極まりない取引」になりうる。「当たったら賞金1億円もらえる。たくさん買えば当たる確率は高まる」と考えて100万円単位で購入する人が続出したり、自宅を担保に借金して1,000万円単位で購入する人が出てきたら、「宝くじは社会的害悪で廃止すべきだ」という世論が巻き起こるだろう。しかし現実にはそうなっていない。宝くじの健全性は「宝くじ」という商品そのものにはない。国民が「宝くじ」という商品特性を正しく理解していることと、健全に「楽しむ術」を心得ているからにほかならない。

　それでも「デリバティブ関連で大きな不祥事が発生してきたではないか」という意見があるだろう。それは「デリバティブという商品のせい」だろうか。筆者はデリバティブ取引を「危険極まりない取引」にしてしまっているのは、「理解できていない（あるいは理解していると勘違いしている）にもかかわらず、取引に参加しているからだ」と考える。機関投資家においてすら「担当以外の部外者には理解し難いから口を出さない」、あるいは担当者からの「理解できないなら口を出すな」という状況がいまだにある。これが不祥事を招き、被害を大きくする原因なのだ。

　この状況を根本的に解消するための方法はひとつ、「デリバティブを正しく理解すること」である。そして筆者が主張したいのは「デリバティブは説明できない、あるいは説明がむずかしいような複雑な取引ではない」ことである。

では簡単に学習が終わってしまうか、といわれればその安直な期待に対してもNoといわねばならない。またまたたとえ話を持ち出して恐縮だが、包丁という調理道具は非常にシンプルである。しかし、シンプルな道具であるはずの包丁を使いこなすのは、プロ・アマを問わず簡単ではないことをご存じだろう。本書は、いわば包丁という道具の紹介と、使い方を誤ると自分の手を切ったり、不届き者が振り回すと他人を傷つけることも起こりうるよと忠告するレベルで、使いこなす方法は目指していない。使いこなしたいのであれば、世に多く存在する他の良書を参考にしてほしい。

**デリバティブは全員を幸せにはできない**

どんな道具にもできることとできないことがある。デリバティブにも当てはまる。その最も根本的な限界は「市場全体ではゼロ・サム」であることだ。つまり、だれかが利益をあげれば、必ずだれかが同額の損失を被る。逆にだれかが巨額損失を出したら、他のだれかが巨額利益を獲得しているのだ。オプションであれ、先物であれ、スワップであれ、この原則は崩れない。

工業製品や農産物を生産することで利潤を獲得する企業がある一方で、同額だれかが損失を被ることはあるだろうか。そんなことはない。だからGDP（国内総生産）に算入されるのだ。しかし、デリバティブ取引はGDPに貢献しない。何も生産しないし何も消費もしない。

たとえば、年金財政が逼迫している状況を、デリバティブ取引を導入したところで年金全体の問題を解決できない。どこかが成功すれば、他の投資家が損失を被るだけで、まさに資産の移転（損失のつけ回し）が行われるにすぎない。

個人投資家はデリバティブ取引に参加する前に「自分が得をしたらだれが損をするのか」を想起してほしい。もしかしてデリバティブ取引をもちかけてきた者が、自分と得失を分け合うものだとしたら、相手の主張を鵜呑みにはできないはずだ。

**身を守りつつ、有効活用するためには**

　どんな道具にも使い道はある。市場全体でゼロサムだとしても、宝くじという娯楽はあったほうがよいだろう。その前提は、参加する・しないの選択権があることと、宝くじという商品の仕組みと特性が広く理解されていることであろう。保険もオプションである、と解説した。保険も「市場全体でゼロサム」であるが、社会的に存在が容認されるどころか必需とされている。自動車を運転するためには損害保険に加入するのは義務であるし、結婚して子どもを育てていくには学資保険や万一に備えた生命保険に加入したいはずだ。

　デリバティブは、人生を楽しむ道具にも、日々の生活に安心をもたらす道具にもなりうる。そのための原則は「正しく理解すること」と「理解するまでは取引に参加しないこと」である。

## ■ 事項索引 ■

[記号]

- $\beta$（ベータ） ……………………… 157
- $\delta$（デルタ） ……………………… 106
- $\theta$（セータ、タイム・ディケイ） … 106
- $\kappa$（カッパ） ……………………… 106
- $\rho$（ロー） ………………………… 106

[英字]

- ATM …………………………………… 33
- BSモデル …………………………… 236
- CB …………………………………… 109
- CDS ………………………… 30, 196, 227
- DES ………………………………… 195
- EB …………………………………… 114
- Historical Voratility ………… 38, 240
- HV …………………………………… 38
- Implied Voratility ……………… 241
- Intrinsic Value …………………… 34
- ITM …………………………………… 32
- IV …………………………………… 241
- OTM …………………………………… 32
- SQ …………………………………… 144
- Time Value ………………………… 35
- TTB ………………………………… 167
- TTM ………………………………… 167
- TTS ………………………………… 167
- Voratility …………………………… 37
- Voratility Index ………………… 240

[あ行]

- アウト・オブ・ザ・マネー ………… 32
- アット・ザ・マネー ………………… 33
- アメリカン・タイプ ……………… 103
- 安全資産（無リスク資産） ……… 202
- 伊藤のレンマ ……………………… 235
- イン・ザ・マネー …………………… 32
- イントリンシック・バリュー ……… 34
- インプライド・ボラティリティ … 238
- ヴァーティカル・スプレッド ……… 72
- ヴァーティカル・スプレッド
  （ブル型） ………………………… 73
- ヴァーティカル・スプレッド
  （ベア型） ………………………… 74
- エキゾティック・オプション …… 133
- オプション …………………………… 6
- オプション期日 ……………………… 12
- オプション・プレミアムの決定
  要因 ……………………………… 37

[か行]

- 外貨先物 …………………………… 164
- 乖離率 ……………………………… 123
- カッパ ……………………………… 106
- カバード・コール …………………… 77
- カラー取引 ………………………… 132
- 空売り ……………………………… 94
- 為替リスク ………………………… 26
- 感応度 ……………………………… 106
- キャップ取引 ……………………… 129
- 金利スワップ ……………………… 178
- 限月 ………………………………… 13
- 原資産 ……………………………… 11
- 原資産価格 ………………………… 43
- 懸賞金付定期 ……………………… 113
- 原証券 ……………………………… 11
- 権利行使価格 ………………… 11, 45

合成ポジション ……………… 56
購買力平価説 ………………… 169
コール・オプション ………… 10, 11

[さ行]
裁定取引 …………………… 79, 83
先物悪玉論 …………………… 152
先物オプション ……………… 136
先物取引 ……………………… 140
先物によるヘッジ …………… 154
先物の理論価格 ……………… 147
先物を売る …………………… 145
先物を買う …………………… 144
残存期間 ……………………… 52
時間価値 ……………… 35, 99, 102
実質金利 ……………………… 171
状態価格 ……………………… 222
ショート・ストラドル ……… 66
ショート・バタフライ ……… 71
新株予約権付社債（転換社債
　型） ………………………… 109
信用売り ……………………… 96
ストライク・プライス ……… 11
ストラドルの売り …………… 66
ストラドルの買い …………… 62
スワップション ……………… 136
スワップ・レート …………… 179
生起確率 ……………………… 217
セータ ………………………… 106

[た行]
対顧客電信売相場（TTS）…… 167
対顧客電信買相場（TTB）…… 167
タイム・ディケイ …………… 106
タイム・バリュー …………… 35
他社株転換条項付社債 ……… 114

建玉 …………………………… 17
通貨スワップ ………………… 189
デルタ ………………………… 106
転換価格 ……………………… 110
天候デリバティブ …………… 31
ドル預金 ……………………… 175

[な行]
仲値（TTM）………………… 167
二項モデル …………………… 200
日経平均オプション ………… 8
日経平均リンク債 …………… 120
ノックアウト・オプション … 134
ノックイン・オプション …… 120, 134

[は行]
バリアー ……………………… 134
パリティ価格 ………………… 123
反対売買 ……………………… 99
ヒストリカル・ボラティリティ … 38
プット・オプション ………… 10, 18
プット・コール・パリティ … 79, 89
ブラック＝ショールズ・モデル … 235
フロア取引 …………………… 129
プロテクティブ・プット …… 75
ベータ ………………………… 157
ヘッジ …………………… 28, 154
ボラティリティ ………… 37, 50
本質的価値 …………………… 34

[ま行]
無リスク資産（安全資産）…… 202
名目元本 ……………………… 156
名目金利 ……………………… 171

事項索引　249

[や行]
ヨーロピアン・タイプ ............... 103

[ら行]
リアル・オプション ................ 230
リスク中立 ........................... 220
リスク中立確率 ....................... 211
レバレッジ ........................... 143
ロー ................................... 106
ロング・ストラドル ................... 66
ロング・バタフライ ................... 69

【著者略歴】

**根岸　康夫**（ねぎし　やすお）

1959年　兵庫県神戸市生まれ。
1984年　東京大学医学部保健学科（疫学教室）卒。
1984年　株式会社芙蓉情報センター総合研究所（現在のみずほ情報総研）入社。
1987年　Deloitte Haskins & Sells（現在の監査法人トーマツ）入所。
1993年　根岸公認会計士事務所設立。

公認会計士・税理士。社団法人日本証券アナリスト協会検定会員。情報処理技術者（特種）。中小企業大学講師。きんざいFP専任講師。早稲田大学講師（非常勤）。

---

## デリバティブ入門講義

2018年3月26日　第1刷発行

　　著　者　根　岸　康　夫
　　発行者　小　田　　　徹
　　印刷所　株式会社日本制作センター

〒160-8520　東京都新宿区南元町19
発　行　所　一般社団法人 金融財政事情研究会
企画・制作・販売　株式会社きんざい
　　　出版部　TEL 03（3355）2251　FAX 03（3357）7416
　　　販売受付　TEL 03（3358）2891　FAX 03（3358）0037
　　　URL http://www.kinzai.jp/

・本書の内容の一部あるいは全部を無断で複写・複製・転訳載すること、および磁気または光記録媒体、コンピュータネットワーク上等へ入力することは、法律で認められた場合を除き、著作者および出版社の権利の侵害となります。
・落丁・乱丁本はお取替えいたします。定価はカバーに表示してあります。

ISBN978-4-322-13243-4